李 娟

国际注册管理咨询师（CMC）
中国企业联合会管理咨询委员会专家成员
全国中小企业管理咨询服务专家信息库专家
《管理咨询师职业能力要求》国家标准起草组成员
全国高校商业精英挑战赛中图科信杯总决赛评委
全国高校商业精英挑战赛创新创业竞赛创业计划赛道全国总决赛评委
荣获中国企业家俱乐部2020年度"值得信赖的管理咨询专家"称号
中华人民共和国工业和信息化部2021年度"中国优秀管理咨询专家"称号

历任企业办公室主任、人力资源部经理、行政总监、常务副总等职务，其对于企业行政体系搭建、产品体系建设与企业文化建设/贯彻等工作具有独到且深入的见解，尤其擅长解决由于员工心理变化而引起的管理动荡，具备丰富且深厚的实践功底。其在生产制造行业、互联网行业、快消品行业、建筑行业、房地产行业、电子信息行业、高新科技行业等领域有出色建树，其自主研发的《管理咨询师技能系列课程》（版权课程）受到客户的好评与认可。

作者简介
Author Introduction

周赫然

北京解忧锦囊管理咨询有限公司创始人
《管理咨询师职业能力要求》国家标准起草人
全国中小企业管理咨询服务专家信息库专家
国家人力资源和社会保障部经济师教材主编
国际注册管理咨询师（CMC）
IPMA认证国际人力资源管理师
荣获中国企业家俱乐部2020年度"值得信赖的管理咨询专家"称号

从事企业管理咨询、培训与顾问工作15年，多次受中国企业联合会、中华人民共和国工业和信息化部、中国国际贸易促进委员会以及各省、市、区政府委托，开展专题咨询、企业走访、政策调研、纲要编制、定制培训以及标准化文件撰写等项目，服务客户遍及各行业／领域，其中包括建筑工程行业、房地产行业、互联网行业等主要领域，所实施与指导的项目至今已达百余个，皆取得成功并获得客户好评。其自主研发的咨询模型、《管理咨询师技能系列课程》（版权课程）与《打通企业科技成果转化的"最后一公里"》（版权课程）均受到企业的好评与认可。

深耕企业

管理咨询师养成手册

周赫然 李娟 —— 著

企业管理出版社

图书在版编目（CIP）数据

深耕企业：管理咨询师养成手册/周赫然，李娟著
. -- 北京：企业管理出版社，2024.3
ISBN 978-7-5164-3027-9

Ⅰ.①深… Ⅱ.①周… ②李… Ⅲ.①企业管理—咨询 Ⅳ.① F272

中国国家版本馆 CIP 数据核字（2024）第 023539 号

书　　名：	深耕企业——管理咨询师养成手册
书　　号：	ISBN 978-7-5164-3027-9
作　　者：	周赫然　李　娟
策　　划：	朱新月
责任编辑：	解智龙　刘　畅
出版发行：	企业管理出版社
经　　销：	新华书店
地　　址：	北京市海淀区紫竹院南路 17 号　邮　编：100048
网　　址：	http://www.emph.cn　电子信箱：zbz159@vip.sina.com
电　　话：	编辑部（010）68487630　发行部（010）68701816
印　　刷：	天津市海天舜日印刷有限公司
版　　次：	2024 年 3 月第 1 版
印　　次：	2024 年 3 月第 1 次印刷
开　　本：	710mm×1000mm　1/16
印　　张：	17.75 印张
字　　数：	220 千字
定　　价：	78.00 元

版权所有　翻印必究　·　印装有误　负责调换

序言 PREFACE

一直以来，我都想写本书，将自己这十几年做管理咨询项目的经验、思路、技巧等内容总结并提炼出来，既能作为企业管理咨询师提升自身咨询能力与高效推动管理咨询项目的工具书，又可以作为企业中高层、职业经理人及职场高潜力、高价值人员等精英人群转型管理咨询师或灵活运用管理咨询技能的案头手册。

虽说这个想法已经存在且持续了很长时间，但我却迟迟没有动笔。因为，就算已经在管理咨询领域学习与耕耘了十几年，可总觉得自己要学的知识还有很多，所以仍然是以一个"学生"的心态在做项目。有很多职场精英想要拜我为师，我总是友好地拒绝，并非是我"耍大牌"，而是"师徒"这两个字在中国传统文化当中还是极具分量的，我又是一个做什么事情都极为认真的人，一旦收了徒弟，就难免会不断地唠叨与嘱咐，也担心别人生厌，所以不太敢以"师父"自居。

直到2022年，很多管理咨询项目受新冠疫情影响，出差等工作都受到了一定限制，我这才难得有时间静下心来，将自己多年所学进行重新总结、提炼，并开办了第一期"管理咨询师养成计划"训练营，结果反响不错。我发现原来众多职场精英都有着一颗转型的心，众多企业领导也都有着一颗被管理咨询"伤过"的心，加之我承接了《管理咨询师职业能力要求》团体标准的起草与编制等任务，这才真正下定决心写书。我希望能够通过此书，帮助想转型的企业中高层顺利过渡、帮助众多企业在选择管理咨询师的时候有据可依，同时也帮助管理咨询行业及管理咨询师这个职业能够更加为人所认知、所熟知、所正视、所理解。

本书具有以下三个特点。

1. 参照国际标准与国家标准，注重正向与关键引导

本书参照 ISO 20700《管理咨询服务指南》、SB/T 11222—2018《管理咨询服务规范》以及 T/CCPITCSC 104—2022《管理咨询师职业能力要求》等国内外标准进行撰写。这些标准引领了海内外管理咨询项目以及管理咨询师职业能力应用场景的大方向。

我坚信：未来 20 年，中国无论是在管理咨询师的素质、能力、数量以及影响力等方面，还是在管理咨询的产品、服务、文化及成果等方面，均将位于世界前列。在此过程中，国家标准、行业标准、团体标准等内容的发布与实施，必将发挥巨大的推动与支撑作用。

2. 各章节图表相辅，注重管理咨询项目的实操步骤与工具

随着时代的发展，"学习"这一概念也在不断发生变化，尤其是针对职场人士的学习路径，已不能单纯仅从理论出发。"背一背名词解释""读一读管理名著""学一学管理理论"……这些方法虽然仍有效，但在现今这个信息快速传播的时代，显然已经不能继续满足职场人士的学习需求与要求。而"快速学会技能""掌握干货和实用的技巧""获得拿来就能用的工具"及"快速价值变现"等要求，成了现代年轻人，甚至中年人所渴望得到的学习结果。而对于管理咨询师这种数量相对较少、所需技能相对较多、知识领域涉及较杂的职业，更是如此。

管理咨询师的能力塑造或转型过渡，绝非一朝一夕的事情，在此过程

中，既需要巨大的决心，也需要专业的支持。所以，我在本书中着重描述了管理咨询师应当具备的两大技能类别及每一技能类别当中的细分领域。同时，重点关注管理咨询项目的实施步骤与实操工具，即在项目真实推进过程中应经历的必备节点，以及各节点应使用的能用、好用的咨询工具，在很大程度上脱离"理论教学"与"术语教学"的固有模式，让读者能够通过检索、阅读每一章节的标题与要点，迅速了解其中的重点内容与所涉及的细分领域，结构得当，清晰简洁。

3. 提炼实践经验，注重"学以致用"与"情感共鸣"

自 2009 年至今，我从事管理咨询工作已有 15 个年头了，每当我说起这个时长的时候，总能看到客户脸上略显惊讶的神情与目光。我衷心希望将一腔热血奉献给我热爱的管理咨询行业及管理咨询师这个职业。

本书凝聚了我做项目助理、项目咨询师、项目经理、项目总监、合伙人及后来自己创业的经验、教训与心路历程。有成功的喜悦、失败的落寞、纠结的惆怅，更有"亲人离世"与"项目谈判"两者时间冲突时的取舍与不甘，这些酸甜苦辣的经历将我塑造成了今天的样子，不快也不慢、不骄也不躁。希望这些经历、经验与教训，能够为各位读者早日走上"管理咨询师转型与发展的康庄大道"略尽绵力。

时代赋予我们的一个重要使命，就是总结过去、活在当下、展望未来。任何一个人都不能凭借一己之力让行业发展，更不能呈现所有的应用场景，做到"应有尽有"。但学习和借鉴他人的经验教训，从而"事半功倍"地走向成功，我相信是比较明智的做法！

最后，也希望本书能够为各位从事管理咨询工作及其他相关领域的人员、期待参与管理咨询工作且努力转型的人员，起到抛砖引玉的作用。

周赫然

目录 CONTENTS

第一部分 管理咨询、管理咨询项目与管理咨询师

CHAPTER 01
管理咨询与管理咨询项目概述

1.1 什么是管理咨询 /003

1.2 什么是管理咨询项目 /004

1.3 管理咨询项目的基本特征 /005

1.4 管理咨询项目的阶段划分 /008

1.5 管理咨询师所认知的管理咨询 /011

CHAPTER 02
管理咨询师——项目管理专家、企业运营高手

2.1 管理咨询师的重要概念与使命 /013

2.2 管理咨询师的能力与特性 /016

2.3 管理咨询师的心态与心法 /022

2.4 管理咨询师的技能类别 /025

2.5 企业运营、管理咨询项目与管理咨询师之间的关系 /026

第二部分 管理咨询师通用技能与工具

CHAPTER 03
企业运营原理与诊断技能

3.1 什么是企业运营原理　/031

3.2 企业运营各模块的顺序与特性　/034

3.3 企业运营诊断模型　/040

3.4 企业运营诊断模型的应用步骤　/041

CHAPTER 04
项目建议书与项目的成功合作

4.1 项目建议书的意义　/045

4.2 项目建议书的体例　/047

4.3 项目建议书的编制框架　/050

4.4 项目建议书的逻辑与撰写重点　/053

CHAPTER 05
项目解决方案编制法

5.1 项目解决方案的意义　/057

5.2 项目解决方案的组成　/060

5.3 项目解决方案的撰写结构　/061

5.4 项目解决方案的撰写技巧　/069

CHAPTER 06
项目辅导与落地法

6.1 项目辅导的意义与方式　/073

6.2 项目辅导的过程与准备　/077

6.3 项目辅导的技巧与文件　/081

第三部分 管理咨询师专项技能与工具

CHAPTER 07 企业战略规划设计

7.1 战略规划的必要性与意义 /087

7.2 企业战略规划咨询的步骤 /091

7.3 企业战略规划咨询工具 /093

CHAPTER 08 企业品牌与 slogan 设计

8.1 品牌与 slogan 的本质 /107

8.2 企业品牌与 slogan 咨询的步骤 /109

8.3 企业品牌与 slogan 咨询工具 /112

CHAPTER 09 企业流程梳理与再造

9.1 企业流程的意义 /123

9.2 企业流程梳理与再造咨询的步骤 /128

9.3 企业流程梳理与再造咨询工具 /130

CHAPTER 10 企业组织设计与改善

10.1 企业组织管理的意义 /139

10.2 企业组织管理咨询的步骤 /142

10.3 企业组织管理咨询工具 /145

CHAPTER 11
企业人力资源管理—岗位标准与胜任能力

11.1 岗位管理与胜任能力的意义 /157

11.2 岗位标准与胜任能力咨询的步骤 /160

11.3 岗位标准与胜任能力咨询工具 /162

CHAPTER 12
企业人力资源管理—薪酬体系

12.1 企业薪酬管理的意义 /175

12.2 企业薪酬体系咨询的步骤 /178

12.3 企业薪酬体系咨询工具 /181

CHAPTER 13
企业人力资源管理—绩效体系

13.1 企业绩效管理的意义 /193

13.2 企业绩效体系咨询的步骤 /198

13.3 企业绩效体系咨询工具 /201

CHAPTER 14
企业人力资源管理—培训体系

14.1 企业培训管理的意义 /219

14.2 企业培训体系咨询的步骤 /223

14.3 企业培训体系咨询工具 /225

CHAPTER 15
企业文化设计

15.1 企业文化的意义 /237

15.2 企业文化咨询的步骤 /240

15.3 企业文化咨询工具 /243

CHAPTER 16
管理制度优化与改善

16.1 企业编制管理制度的意义 /255

16.2 企业管理制度优化与改善咨询的步骤 /260

16.3 企业管理制度优化与改善咨询工具 /262

第一部分

管理咨询、
管理咨询项目
与管理咨询师

PART 01

管理咨询与管理咨询项目概述

1.1 什么是管理咨询

咨询，本质上是一种问答的过程，也就是通过提问与回答的方式，来为他人答疑解惑或解决某种问题的过程。但在社会与市场不断发展的今天，咨询的行为逐渐延伸为：借助"服务提供者"在某一领域的丰富知识与深厚经验等优势，对"服务需求者"所提出的针对性问题，深入调研、解读、分析、设计且得出某种结论，从而达成"服务需求者"某种目的或目标的过程。在此过程中，除对"服务提供者"提出更高的技能与知识要求之外，还强调其与"服务需求者"之间的紧密配合。

这一演变历程，代表着作为咨询服务的提供者，可以通过自身知识、经验、技能等优势，形成一定的交易价值，且在为需求者提供服务的过程中实现价值互换，并由此产生了多种不同领域或形式的咨询服务,如政策咨询、技术咨询、工程咨询,当然还包括本书主要阐述的"管理咨询"。

基于以上描述,管理咨询的概念也就不难得出,即"由具有丰富经营、管理知识和实践经验的专家,通过与企业有关人员的密切配合,应用科学、专业的工具与方法,对企业进行调研、诊断,找出所存在的问题,分析问题成因,提出解决方案,指导方案推行实施,以达到解决问题、实现企业经营与管理目标,从而推动企业健康稳健发展的过程"。

也许这样的概念确实晦涩难懂,甚至不太理解到底什么是管理咨询的实质产品,但继续往下看,你会得到想要的答案。

1.2 什么是管理咨询项目

管理咨询项目,这是目前市面上大部分管理咨询公司经常会提到的一个词语,也是经常用于成交的关键,即通过项目运作的方式,在一段特定的时间内,为客户解决某种问题。可管理咨询项目到底是什么,其实很少有人能够真正将其说清楚,要想了解这一点,就需要将管理咨询项目分开来说,即"管理咨询"和"项目"。在上一段内容中,已经将管理咨询的概念进行了明确。以下需要明确的是"项目"的概念。

说到项目,其实可以按照时间变化的规律进行明确。在现代企业的经营管理活动中,根据时间变化的规律,可以分为两大类。

第一类活动,具有持续不断、周而复始的特征,管理咨询师通常称之为"日常工作""日常作业""日常运营""日常运行"等。举例来说,某企业的员工在生产线上连续作业,生产某些相似或相近的产品的过程,就属于"日常工作"。

第二类活动，通常是在特定计划内的重要工作，如战略决策、市场定位、产品研发、营销策划等，还有其他一些较为重要且紧迫的工作。其最大特点就是具有明确的开始时间和结束时间，且需要集中精力、物力、财力、人力以及资源在有限的时间内完成任务，对于这类时限较为明确、目标较为清晰的活动，管理咨询师通常称之为"项目"。

说到这里，问题也就随之而来。

面对市场变化，怎样重塑企业的运营能力，以适应市场变化？

怎样组织一次基于战略转型的市场调研？

怎样开展一次基于需求变化的新产品研发？

人力资源部怎样开展一次薪酬绩效改革工作？

人力资源部怎样组织一次企业定制化系列内训项目？

诸如此类的问题，显然仅用"日常工作"的方式难以高效地解决，必须在特定的时间内通过整合资源、协调关系、制订方案来实现，也就是用所谓的"项目管理"方式进行解决。

如此说来，管理咨询项目的概念也就呼之欲出，即"由具有丰富经营、管理知识和实践经验的专家组成项目团队，在共同确认的时间范围内，通过与企业有关人员的密切配合，应用科学、专业的工具与方法，对企业进行调研、诊断，找出所存在的问题，分析问题成因，提出解决方案，指导方案推行实施，解决问题、实现企业经营与管理目标，从而推动企业健康稳健发展的项目管理过程。"

1.3 管理咨询项目的基本特征

明确了管理咨询以及管理咨询项目的基本概念之后，再来看看管理咨询项目的基本特征。在我们撰写本书的过程中，经常会听到很多企业家问这样一个问题："管理咨询项目到底有什么特点？该怎么判断目前的供应商是不是在按照管理咨询项目的推进方法为企业提供服务呢？"听完我们才知道，原来很多人在用"非管理咨询项目的推进方法"实施管理咨询项目。如果过程、步骤都不对的话，会产生一个正确、令人满意、真实且可信的结果吗？

想到这里，我们认为有必要明确一下管理咨询项目的特征，也就是在具备哪些基本条件的前提下，才可以将该项目认定为管理咨询项目。

1. 短期化

管理咨询项目具有短期化特征，即从咨询团队进场到结项，短则1个月，长则半年，基本不会有过长的时间。也有进场1年或更长时间的咨询团队，但实际上此类项目属于辅导或陪跑项目，更多是通过伴随的方式来适时纠偏或解决某些问题，与管理咨询项目从开始时就确定某些既定目标还是有所区别的。

2. 运营化

管理咨询项目实际上是将企业某些既定或已经形成习惯的运营方式打破，重新建立一套新的运行系统，从而让企业健康有序地运转。所以只要是管理咨询项目，不管是战略咨询项目、营销咨询项目，还是薪酬咨询项目或绩效咨询项目，都应当站在企业运营的角度和高度来看待问题，而非就"薪酬"谈"薪酬"，就"绩效"谈"绩效"。而且，作为企业领导来说，其真正在意的是企业运转是否顺畅，各体系/系统之间衔接是否得当，企业是否持续盈利，市场占有率和品牌影响力如何等。所以，既然要做咨询，就需要站在与领导同频的角度来思考问题，而非将自己陷入某一个领域/模块当中，难以自拔。

3. 现象化

管理咨询目前仍然属于一个相对小众且不被人所熟知的领域，所以不管是从管理咨询项目的目标设定来说，还是从营销来说，都应当以"现象"来切入，即通过管理咨询项目解决或缓解某些现象的发生与出现频率，以及通过解决问题或缓解某些现象来引导管理咨询项目的介入。举例来说，"企业绩效管理体系暂未全面建立，文件不全、效果不佳，难以有效激发员工动力"，这句话看起来有些专业，其实就是一句套话，企业都不理解是什么意思。可作为管理咨询师来说，这样做显然是不负责任的，这就是管理咨询师所说的专业化与实际现象偏离过大，无法打动企业领导，更无法说明管理咨询的价值。那如果换一句话呢？比如"员工抵触绩效考核工作，考核指标仅从岗位职责中提炼，导致员工做的和企业考的是'两张皮'"，在这句话中，管理咨询师并没有用术语来描述绩效管理体系的现状，而描述由于绩效管理体系存在问题而导致的员工日常工作表现/现象，此种方式既能快速让企业领导将咨询内容与日常现象联系起来，也能让其快速明白企业要解决的到底是什么？企业做管理咨询，找管理咨询师的初衷就是要将某些管理现象进行缓解与根除。

4. 责任化

管理咨询项目虽说是短期性的工作，但却蕴含着重大责任，管理咨询公司会在特定时间内向客户收取相对高昂的费用。同时，也正是责任化的存在，倒逼着管理咨询公司不断地研发并形成新产品/新模式。

5. 成果化

管理咨询项目从表面上看，项目团队将知识、经验等内容赋能给企业，但实则需要留下成套的、成体系的文件内容与成果方案，而不是松散的文件或表单。我们看到很多咨询公司，今天给一份 Excel 表，明天给一份 Word 文件，后天给一份 PPT 文件，而咨询师脑海中的知识体系无法移植到客户脑海中，仅凭借这些零零散散的文件，客户很难看出其中的关联度，更看不到有什么方案细节、操作步骤或实施落地的可能性。因此就导致了一个后果："你以为的，只是你以为的，不是客户以为的！"一旦形成矛盾冲突，工作就不好做了。

6. 合作化

管理咨询项目并不是闭门造车，因为任何一位咨询师或一家咨询公司，不管其水平有多高、经验有多深、技能有多熟练，都不可能在短短几个月内深入了解一家企业，更不可能将所有关系都处理到位，所以和客户多交流、多配合、多合作，是一个管理咨询项目成功的必然前提与条件。基于此，管理咨询项目其实是将咨询技能、运营经验等专业优势与客户多年在行业内部、企业内部摸爬滚打的实战经验相结合，共同探索答案的过程。

上述内容是管理咨询项目的主要特征，一个管理咨询项目至少应包括以上六类特征，方能称为"管理咨询项目"。

1.4 管理咨询项目的阶段划分

说到管理咨询项目的阶段，有些咨询公司只有 5 个阶段，而有些咨询公司有 7 个阶段。但很多事情，少了不行，多了也不行，只有在适当的数量基础上，才能有最佳的效果。下面引用 SB/T 11222—2018《管理咨询服务规范》中的内容来做释疑。

1. 业务洽谈阶段

基于某种管理现象或管理问题的产生，客户希望管理咨询团队进驻并进行解决，此阶段属于管理咨询项目的前期阶段，项目建议书是其中的重点成果。

2. 现状诊断阶段

管理咨询项目签约之后，要做的第一件事情就是现状诊断。任何管理咨询师或管理咨询公司都不能"拍脑袋"地说："你的企业存在……问题！"管理咨询师说出来的结论，都需要有工具、方法和数据的佐证，而这个找到问题的过程就是诊断的过程，通过现场调研、观察、访谈、交流、工具运用等方式，与客户共同明确企业现存问题到底有哪些？哪些是可以解决的？哪些是很难解决的？（不要认为所有问题都是应当解决的，更不要认为所有问题都是可以解决的，管理咨询师需要将问题集中、聚焦来分析）在可以解决的范围当中，优先级又分别是什么？……企业运营诊断报告是其中的重点成果。

3. 方案设计阶段

现状诊断阶段完成之后，项目组就要进入方案设计阶段，基于诊断的结果或存在的问题，形成一套能够解决或缓解该现象的成型方案，这套方案需要体现针对性、步骤性以及可实施性等特点。因为没有一家企业希望得到一套"束之高阁"的方案，而是希望得到一套能够落地、可实操、有用的方案。

4. 实施指导阶段

咨询方案在客户与咨询方共同确认之后，需要进入实施指导阶段。在此阶段，管理咨询师需要根据方案的原则、步骤进行实操指导，并在此过程中将知识、经验赋能给客户，从而实现客户能够"举一反三""自行调整"的效果。

5. 项目评估阶段

项目的实施指导阶段完成之后，需要进行项目评估，也就是客户对于本次项目的反馈如何，有何优点，有何缺点，在此项目实施完成后，后续还需要开展哪些工作，是否还有项目续签或增值的可能性等。

6. 项目总结阶段

项目评估之后是项目总结。作为一名优秀的管理咨询师或一家优秀的管理咨询公司，每一次的项目不仅是赋能客户的过程，更是一次学习与提升的过程。在此过程中，有哪些成果可以产品化，有哪些经验可以固化，有哪些现象可以普适化等，这些问题都要在项目总结的过程中完成并升华。

上述是管理咨询项目推进的六大阶段，每一个阶段都有其重要意义与关键目的。

1.5 管理咨询师所认知的管理咨询

说到这里，我们已经对管理咨询的概念、管理咨询项目的概念、管理咨询项目的特征以及阶段等内容进行了基本阐述。但每个人都对管理咨询有不同体会，下面就简单谈谈我们的认知与感受。

1. 知识外包

我们做管理咨询这么多年，总会遇到"管理咨询到底是卖什么的"或"管理咨询的产品到底是什么"等问题。直到有一次和一家人才外包公司的领导聊天，说起这个问题，我们突然茅塞顿开，管理咨询就是"知识外包"。就像人才外包，企业需要这样的人才，但自己却很难获取/找到这样的人才，所以需要第三方公司来帮助其寻找到合适的人才。管理咨询也是一样的，企业面临一些管理困境或管理现象，自身已有的知识、经验、技能不足以将其完善解决，所以需要第三方公司提供帮助。

2. 探索者

在很多管理咨询项目的实施过程中，客户方总是非常希望从管理咨询公司这里得到"拿来就能用"的成熟方案。但管理咨询师不可能同时精通每一个行业，即使是深耕同一个行业多年的管理咨询师，其方案也会因为企业性质、规模、现状等因素的影响而有所不同。因此，管理咨询师是拥有扎实理论功底、成熟咨询技能以及丰富实施经验的探索者，在探索过程中，需要将理论功底、咨询技能、实施经验与客户的实际经历相结合，共同探索出一个适合的答案，而非直接拿"方案"过来套用。

3. 萃取者

一次成功的管理咨询项目，不仅是对客户的赋能，也是对管理咨询公司的升华。在此过程中，有一项很重要的技能就是"萃取"。作为管理咨询师或管理咨询公司的负责人，应当打磨与研发咨询产品。只有拥有成熟、过硬、有效的产品，才能够在市场的竞争当中存活下来，这是任何行业、任何企业用无数次"成败"换来的真理。"萃取者"就是能够敏锐洞察到每一个项目成败的关键，提炼成果内容，形成咨询产品的优秀管理咨询师。

管理咨询师——项目管理专家、企业运营高手

2.1 管理咨询师的重要概念与使命

管理咨询师是由管理咨询公司委派的推进执行管理咨询项目并实现项目目标的责任人员，是项目计划的制订者、项目方案的设计者、项目资源的整合者以及项目成果落地的辅导者，同时也是管理咨询公司与客户企业沟通协作的桥梁与纽带。

管理咨询师应当是"全科医生"而非"单科医生"，所以，在培养和选拔管理咨询师时，应当注重其通用管理技能、管理咨询技能、良好的素质与人际交往能力，以及丰富的知识范畴和实践能力。对于管理咨询师的使命要求有以下三点。

1. 调控企业运营

作为一名合格的管理咨询师，第一个重要使命就是"调控企业运营体系"，即让企业现有各体系之间协作运行，相互协调而非相互掣肘，最终实现企业运营顺畅。一个聪明、专业、老到且对管理咨询有深刻认识的管理咨询师，一定是一个企业运营高手，由点及面、统揽全局，即从"企业解剖"入手，追求企业运行顺畅以及各系统之间的融洽调和，且从企业现有运行状况当中找到企业运行标准，并通过"建标—对标"形成解决方案。绝不是对某一领域或某一模块的内容过度深挖、过度纠结甚至过度执拗，最终导致各管理体系互相排斥，无法落地。

2. 引领高层思路

通常情况下，大部分企业寻找管理咨询公司或管理咨询师的初衷，都是企业领导或企业高层意识到本企业存在问题，可到底是什么问题，哪里出了问题，这些问题又该如何确认以及解决等，却是一头雾水。所以，作为一名合格的管理咨询师，合理且有序地引领企业高层思路是其重要使命之一。真正的"引领"，是引领企业高层用正确、专业且科学的方法、工具来解决问题，用合理、宽容且有格局的心态来面对问题，能屈能伸、举重若轻，方为师者。

3. 落地咨询成果

近年来，"项目不落地""成果不能用"以及"效果不好还很贵"等声音不绝于耳。因此，将咨询成果落地，为客户在一定程度上保证效果（由于企业情况、配合度以及方案实施时长的不同，很难保证绝对效果，但相对效果是应当达到的），是管理咨询师的主要使命之一，更是应该完成的重点任务。所谓落地，并非仅仅只是完成宣传贯彻、完成文件或完成解读／展示，而应该是显现效果，产生实实在在能看得见的改变。要想实现这些改变，至少需要满足三个条件。

（1）方案有针对性。

方案有针对性是指方案确实是基于客户的实际情况做的，从部门到岗位、从人员到能力、从期待到现状等，而不是照着"模板"套用的。只有方案具有针对性，企业实施起来才会有熟悉感、接受度以及可调整性。

（2）方案有尺度。

方案有尺度中所指的"尺度"，并非方案调整的范围或人员培训的层级，而是方案在专业层面以及科学层面的"尺度"。方案不可过于超前、过于难懂或过于难以执行。因此，专业不是"炫耀"，前沿也不是"复杂"，有道理更不是"让别人听不懂"，而是要真真切切帮助客户解决问题，所以有效地"化繁为简"，让客户理解方案、明白方案，以及在有限的条件或资源下能执行方案，让客户可以在自循环过程中"举一反三"，才是一份好方案、好成果。

（3）传授有选择。

管理咨询师在做完管理咨询项目之后，都会有"解读""展示"等环节，即对于所交付的成果进行宣传贯彻。很多管理咨询师都会将其当成"培训"环节来对待，向客户说明用了哪些理论、哪些工具，得出什么样的结论。这样做不能说是错的，因为让客户了解项目的来龙去脉是有一定必要性的，但这绝不是全部，因为这样几乎是在"自说自话"。做咨询，"落地"是最终导向，目的是给客户留下一套带不走的、属于自己的体系，甚至是留下一批具备一定咨询技能的中高层，而不是管理咨询师在讲授过程中给自己"复习"一遍。让客户能够使用方案的核心，既在于管理咨询师将如何做的过程讲明白，更在于其对管理咨询技能的传授。

这就是管理咨询师所说的"选择",也就是有选择性地将技能赋能给客户,让客户能够将咨询技能与其自身的实操经验相结合,形成"独树一帜"的管理方法,才能真正做到既考虑"理想",又考虑"现实"。

基于上述的概念和使命,相信企业对管理咨询师这个职业有了更好的理解,同时能对如何寻找管理咨询师做出一定的评判,就像春秋时代伟大的军事哲学家孙武所说:"将者,智、信、仁、勇、严也。"管理咨询师也是这样。这些概念和使命,既是一种解读与描述,也是在管理咨询项目推进过程中作为一名管理咨询师所应当做到的主要任务。

2.2 管理咨询师的能力与特性

既然管理咨询师有如此重要的使命,那么其应当具备哪些能力呢?

管理咨询师能力模型如图 2-1 所示,管理咨询师能力要素如表 2-1 所示。

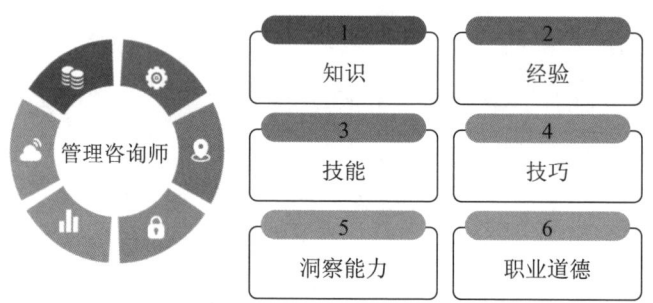

图 2-1 管理咨询师能力模型

表 2-1　管理咨询师能力要素

要素		说明
知识	合规知识	指管理咨询师应当具备或掌握的政策规定以及相关法律法规
	通用知识	指管理咨询师应当具备或掌握的通用基础知识，主要包括贯穿整体管理咨询项目的基本理论与知识
	行业知识	指管理咨询师为完成管理咨询项目所必备的专业知识，主要包括与相应管理咨询领域需求或目标要求相适应的理论知识
经验	工作资质	指管理咨询师所取得的相关管理咨询执业资质
	工作年限	指管理咨询师从事管理咨询工作所积累的工作时长或年限
技能		指管理咨询师为完成管理咨询项目并达到相应效果，所应具备或掌握的技术和方法
技巧		指管理咨询师为完成管理咨询项目并达到相应效果，所应具备或掌握的操作方式和能力
洞察能力		指深入事物或问题本身并进行分析、判断与识别的能力，即通过表面现象精确判断出背后本质的能力
职业道德		指从事一定职业的人员，在职业活动中应遵循的行为规范与道德意识的总和

以上内容节选自 T/CCPITCSC 104—2022《管理咨询师职业能力要求》团体标准，作为此标准的起草人，同时也是本书的作者之一，在此将着重对知识、技能和技巧作出解读，用以明确在排除时间、年限以及天赋等客观条件的限制下，如何构建一名管理咨询师的核心能力。

1. 知识

在此层面，除基本法律法规等常识性知识之外，重点强调的是通用知识与行业知识。

（1）通用知识。

通用知识就是管理咨询师应当具备或掌握的基本理论与运营原理，

即贯穿整体咨询项目的基础理论——企业运营原理。简单来说，管理咨询师给企业做咨询，最基础的知识就是要知道企业到底是怎么运作的，不管客户属于哪个行业、位于哪个区域、有着怎样的规模等，企业的底层运行逻辑是不会改变的，即在管理过程中的各大模块，如战略模块、营销模块或人力资源模块等的顺序，哪个在前，哪个在后，如果要进行调整，哪些是可以调整的，哪些又是不可以调整的，或者说需要具备怎样的条件才可以调整等，这些问题背后的答案就是"企业运营原理"。如果没有把这些关系搞清楚，或者没有将这些知识吃透，总是从表面下手，所做的方案就一定会"按下葫芦起了瓢"。

（2）行业知识。

行业知识就是管理咨询师为完成咨询项目所必备的、与所实施或即将实施的项目相匹配的、具有行业特性或显著特征的信息。作为一名管理咨询师，除应当具备一定的咨询技能之外，对于某些特定行业的特征性知识也应该有所掌握，而这些特定行业可以结合个人的从业经验、擅长领域等维度进行选择。特征性知识就是将普适问题与行业的发展以及从业特征相结合的知识点。

举例来说，员工工作风格就是一个普适性问题，每个行业、每家企业都会存在员工工作风格的差异化问题。但高新科技企业或以技术为主导的企业，其员工工作风格有何独特特征呢？主要有三点：一是工作较难量化，技术型员工以及研发类员工，其工作周期和时间与一般的生产类员工或操作型员工不同，难以以周、月、季等时间范围为周期来判断其工作成果，反而更应该结合其工作计划或项目阶段来设定绩效指标；二是其对于技术的崇拜性要高于制度，这类员工更愿意听从或接受技术水平比其高的人员的管理，而不愿意听从或接受不懂技术、只知道按制度办事的人员的管理。此时，如何设定有效且易接受的管理方案，以及如何从"技术型人员"转变为"管理型人员"的路径与方法等内容就显得尤为重要；三是其流动性相对较大，尤其是在现今社会对技术型人才的需求较为旺盛的时期，通过更高的薪酬待遇来吸引其跳槽也比较常态化了。

上述例子是在众多管理咨询项目当中的一类问题，更好地说明将"员工工作风格"与"高新科技或技术型企业工作特点"相关联，从而形成行业知识的必要性与可行性。这无疑是将"员工工作风格"这一普适性问题与"高新科技或技术型企业"这一行业特性相结合的实操案例之一。

2. 技能

在此层面，指的是作为一名管理咨询师，其在项目前、中、后几个重要节点所应当掌握的必备技能。

（1）业务洽谈技能。

业务洽谈技能指管理咨询师应当具备或掌握的洽谈沟通、问题解读等技能。在咨询项目的前期对接中，准确解读客户需求，并从已有的产品库当中甄选相匹配的产品内容进行支撑是必经过程，其中包括应答、编制成文以及解读等细致层面，让客户的每一个问题或疑问都能够得到一个较好的回复。向客户证明自己及团队具备承接此项目的信心与能力，是每一个管理咨询师都应当做到的工作。

（2）现状诊断技能。

现状诊断技能指管理咨询师应当具备或掌握的诊断调研、精准判断等技能。在此过程中，管理咨询师要通过访谈、调研以及编制诊断报告等方式，和客户确认问题并明确后续改进思路，其中包括访谈计划表、企业观察单、访谈提纲、访谈记录单以及诊断报告等显性成果，还有通晓"企业运营原理"等隐性要求。

（3）方案设计技能。

方案设计技能指管理咨询师应当具备或掌握的专项设计以及解读等技能。在项目推进过程中，管理咨询师应当通过逻辑推导与管理模型的构建，对存在的问题进行深刻分析，得出分析结果，并结合企业运营现状与习惯给出合理的解决方案，其中包括报告、方案、制度等文件的撰写以及解读、调整等内容。

（4）实施指导技能。

实施指导技能指管理咨询师应当具备或掌握的细节辅导以及答疑等技能。在落地过程中，单纯的方案与基本的解读显然是不能让方案落地并呈现出效果的，还需要实施计划／辅导计划的支持，更需要在辅导过程中对方案进行分析，消除预期结果与现实结果之间的差距、纰漏以及阻碍，最终形成文件、课件等显性成果，帮助客户冲破落地障碍。

（5）项目评估技能。

项目评估技能指管理咨询师应当具备或掌握的项目评价以及分析等技能。在评估过程中，管理咨询师不仅应对项目满意度进行客观评价，更需要对客户所给予的反馈进行整合处理，同时对项目实施的优点、缺点以及待改进点进行分析，编制项目档案，以便留存或为后续可能的增值（如需要继续为同一客户提供咨询服务，可以快速了解往期咨询内容，并保持一致的咨询风格）提供便捷基础。

（6）项目总结技能。

项目总结技能指管理咨询师应当具备或掌握的项目复盘与萃取等技能。每一次咨询项目结项后，管理咨询师应在对项目的基本情况进行评估或评价之后，进行全面复盘，提炼本次项目的经验与启示，并将重点内容做二次深化，萃取具有一定普适性的管理咨询产品，促进自身以及咨询公司的能力不断提升。

3. 技巧

在此层面，指的是作为一名管理咨询师，其在项目推进过程中应当具备或掌握的操作方式。

（1）研发构建技巧。

研发构建技巧指针对原有以及创新模型的构建与解读技巧，其中包括模型识别、模型搭配以及模型调整等内容，主要体现一名管理咨询师结合客户实际情况，对既有知识进行优化或重新构建的方法。

（2）逻辑分析技巧。

逻辑分析技巧指针对复杂事物的底层逻辑进行梳理与关键节点分析的技巧，其中包括逻辑分析、逻辑解读以及逻辑展示等内容，主要体现一名管理咨询师对于现实情况的分析，以及对各逻辑主体之间关联度解析与呈现的方法。

（3）学习阅读技巧。

学习阅读技巧指针对多类文件/文章的重点吸收与信息检索、摘录技巧。其中包括快速检索、快速阅读以及信息提炼等内容，主要体现一名管理咨询师能够提升自身且快速将所学知识进行转化或移植的方法。

（4）文案编制技巧。

文案编制技巧指针对多种文案体例以及框架进行编制、整合、填充的技巧，其中包括文案撰写、内容编辑以及文案润色等内容，主要体现一名管理咨询师能够精准面对不同文案体例所展现的编制、整合与提升的方法。

（5）语言表达技巧。

语言表达技巧指针对成果/结果的表达、阐述，以及对重点内容进行翻译的技巧，其中包括语言总结、陈述、分类等内容，主要体现一名管理咨询师合理表达专业意见并融合现状与情绪等因素进行客户引导的方法。

基于上述内容，将管理咨询师的核心能力维度进行以下展示（见图2-2）。

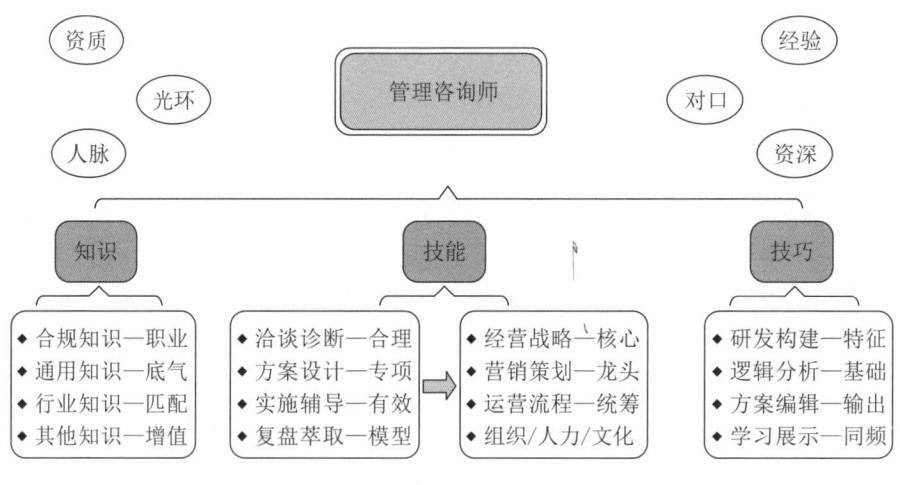

图 2-2　管理咨询师的核心能力维度

如上，管理咨询师是一位理解企业困惑，且对于知识、技能、技巧运用自如的运营通才或全才，既讲求工作水准，也讲求同频与共情。

2.3　管理咨询师的心态与心法

同样一份职业，不同的人从事会有不同的想法，也会有不同的心境，所以很难以标准化的角度来定论。

不管是从事管理咨询行业多年的咨询师，还是经由甲方跨行发展的中高管，不可避免地会存在两种心态，即服务心态与转型心态。从事管理咨询行业多年的人，早已将服务心态深深烙印在心中，即使偶尔会有抱怨，也总能很好地化解。反之，由甲方中高管转型为乙方的管理咨询师，势必会有从评估、考核、指示等心态转为服务心态的过程，关键就在于要将身份与姿态进行调整，同时也要学会接受与承担更多的质疑，以及沟通语气的细微变化。

在上述两种心态的发展与变化过程中，需要经历四种心态。

1. 管理咨询师的心态

（1）自信。

在刚做咨询或刚刚转型的时候，管理咨询师会是无比自信的：论知识，有理论功底，论实操，有实施经验，仿佛所有事情都能够信手拈来，不费吹灰之力。在这个阶段，管理咨询师很可能听不进去意见，不愿意接受建议，更有甚者，会直接质疑客户，更会由于对方对自己专业能力的不认可而心有不甘。

（2）质疑。

这是管理咨询师需要经历的第二个阶段，在经受多次的客户质疑后开始质疑自己，是不是做得不太对？是不是自己的沟通方法有问题？是不是以往的经验不好用了？甚至怀疑自己到底适不适合做管理咨询师。因此，管理咨询师此时会迫切地希望提升，迫切地希望弥补自己的短板，让自己能够以更高水平的状态呈现在客户面前。

（3）退缩。

这是管理咨询师在"质疑"后的第三个阶段。在此阶段，管理咨询师会不自觉地变得谦虚，不自觉地推敲即将发表的言论，开始真正体会到"理论"和"实操"的区别。

（4）平和。

这是管理咨询师要经历的第四个阶段，也基本是最终的阶段了。当自己磨平了棱角、消除了傲气、改善了退缩，真正体会到"云淡风轻"，甚至不再受方法、工具的限制，开始真正结合企业的实际情况来思考问题，这时的话语会变得越来越易懂，以往每句话不说几个"名词解释"就不好意思开口，现在开始变得有意识地避免"名词解释"的出现。这时才能真正成为一名管理咨询师，历经沧桑而求平和，不悲、不喜，亦不惧。

2. 管理咨询师的心法

基于不同阶段的心态，管理咨询师有三种不同的应对心法。

（1）想不明白，不要说。

作为一名管理咨询师，说的每句话都有很多人在听着、在考核着、在等待着，说的话可以少，但绝对不可以错，更不可以偏离事实。所以，凡事请三思，不明白就不要轻易开口。

（2）说出计划，就有方法。

管理咨询师从来都不是一个靠"傻干"的职业。只有在自己心里已经形成一整套计划，确定应当使用何种方法，且已经将可能存在的"雷区"都尽可能考虑周全后，才能说出口。否则，很可能会由于不了解企业情况而不能"自圆其说"。

（3）只要说出，就要做到。

作为一名管理咨询师，咨询技能和口碑是"吃饭的家伙"。所以，对于客户的嘱托或需求，如果无法达成，应当在项目未开始的时候就明确告诉客户，并可以通过调整需求或阶段性目标来实现，如果实在无法调整，建议不做承接。因为每一个项目都绝不仅是一个单独的项目那么简单，如果做得好，那么这家企业可能还会继续与你合作，甚至介绍上下游企业等，所以项目做得好，带来的价值是可裂变、可增值的。但如果做不好，一旦项目失败，那么带来的结果很可能是灾难性的。第一，你损失了客户，客户因为信任你，将项目和企业运营交给你，但你没做好，而且很可能由于你的操作引出很多其他的新问题，如此一来，客户不会再相信你。第二，你损失了朋友，还会"殃及"朋友，其对你的信任也会大打折扣。第三，你损失了口碑，你的项目没做好，不仅客户会知道，同行也会知道。所以，对项目没把握时，一定要谨言慎行。

以上每一种心态都是管理咨询师在成长道路上的坚实基础，每一个心法都是解决问题的切身体会。无论你想成为一名管理咨询师还是资深高管，或是一名职业经理人，这些都是必由之路。

2.4　管理咨询师的技能类别

在上述内容当中，其实已简单提到过"技能"的概念，但在实际分类当中还另有玄机。因为在"方案设计"过程中，管理咨询师不可能仅靠一种技能就解决所有问题，更不可能将所有问题仅用一种方案进行呈现。因此，需要对咨询技能进行细致划分。

1. 通用技能

通用技能主要包括企业运营原理、诊断模型、项目建议书编制、解决方案编制框架以及辅导落地方式等内容。这几项技能是做任何咨询项目都需要掌握的必备技能。举例来说，你要做人力资源咨询，需要进行项目洽谈与项目建议书的呈现。你要做战略咨询，也同样需要项目洽谈与项目建议书的呈现，区别只是两份项目建议书的内容侧重点有所不同。所以，通用技能是成为管理咨询师所必须掌握的基础技能。

2. 专项技能

专项技能主要包括战略规划、营销策划、流程优化、组织设计、薪酬体系设计、绩效体系设计、企业文化设计以及管理制度优化等内容。这几项技能几乎涵盖企业运营过程当中的所有模块。管理咨询师应该是一名"全科医生"，他可以在某一领域的造诣更深，专业更强，但其他领域绝不能一点儿不懂。所以，专项技能是成为管理咨询师所必须掌握的进阶技能。

2.5　企业运营、管理咨询项目与管理咨询师之间的关系

在将管理咨询、管理咨询项目、管理咨询师的概念、使命等内容厘清之后，仍有一个问题需要解决，那就是管理咨询师一直强调的企业运营与前几者之间的关系。为什么管理咨询调整的是企业运营体系？为什么管理咨询师要站在企业运营角度？企业运营效果对管理咨询项目有何支撑作用？下图详细解读了企业运营、管理咨询项目与管理咨询师之间的关系（见图2-3）。

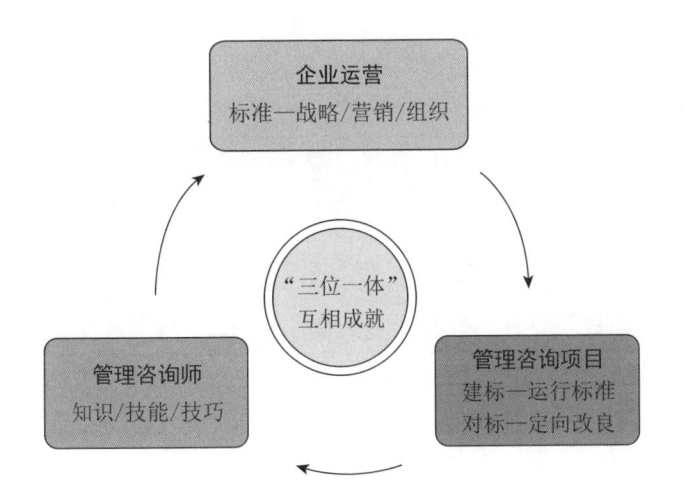

```
         企业运营
      标准—战略/营销/组织


               ↗
   "三位一体"
   互相成就
              ↘

  管理咨询师          管理咨询项目
  知识/技能/技巧      建标—运行标准
                    对标—定向改良
```

图 2-3　企业运营、管理咨询项目与管理咨询师之间的关系

如图所示，企业运营、管理咨询项目与管理咨询师形成了一个"三位一体"的稳定循环结构。

1. 企业运营

企业是一个持续运转的逐利体，是在动态循环中保持平衡的。企业运营是否顺畅，企业是否持续盈利，企业经营是否遇到瓶颈，是最应首先考虑的问题。而此种问题的产生，可能来源于战略方向偏差、营销策略缺失或组织管控成本过高等因素，可具体是何种原因导致企业运营出现不顺畅、盈利出现断档的呢？需要通过企业运营诊断模型进行客观且细致的分析，这就引出了管理咨询项目，因为诊断是管理咨询项目的必经阶段，也是管理咨询师的必备技能。

2. 管理咨询项目

推进管理咨询项目，需要通过"建标—对标"的方式来操作：先要找到企业顺畅运营和各模块之间有效协作的标准，将此标准进行提炼、明确，并通过"逐一对照"的方式将欠缺的部分补足，未完善的地方进行完善，不该出现的地方进行剔除，让"运营现状"与"运营标准"有效契合；再通过试运行的过程来不断纠偏，以此拉近"理论"与"实际"之间的差距。也许最终的结果仅是对其中几个部分进行改善，但却是就企业整体运营体系进行概览与诊断之后得出的，所有的改善也都是为了指向"企业运营更加顺畅"这一最终目标，故而调控的最终对象其实是企业运营体系。但再复杂的工作也需要人员来完成，这就引出了管理咨询师，因为上述过程需要通过特定的"通用技能"与"专项技能"来达成。

3. 管理咨询师

作为管理咨询师，其承担着推进管理咨询项目并保障项目成功的重大责任，所以需要通过相应的技能才能实现。其中"通用技能"用于获取与推进项目，即运用诊断模型找到企业"理论"与"实际"之间的断档点，确认运营改革重心。之后再通过"专项技能"对断档点进行补全、优化与改良，实现重新连接。在此过程中，既是企业高瞻远瞩地选择了管理咨询公司与管理咨询师，也是真正有水平的管理咨询师很好地承接了项目，同时成就了企业与个人，从而达成"多赢"。

第二部分

管理咨询师通用技能与工具

PART 02

CHAPTER 03

企业运营原理与诊断技能

3.1 什么是企业运营原理

为什么一定要学习"企业运营原理"?因为这是做管理咨询项目的基础,更是成为一名优秀管理咨询师或企业中高管的必备步骤。既然如此重要,那么到底什么是企业运营原理?其又为何如此重要?

我们曾经在咨询过程中问过很多企业老板或领导,他们无一例外地说"企业运营管理"非常难,在实际管理过程中产生很多困惑。

1. 企业困惑

(1)总被事务性工作牵着走,开会协调没完没了。

作为领导/老板,每天的时间几乎全被事务性工作所占据,不停地开会,不停地协调,很难主动开展工作或进行控制,总被工作"牵着鼻子走",导致"任务延后""计划停滞"及"成果不合格"等尴尬现象出现,该用的管理工具都用了,可就是没有效果,达不到希望的状态。

(2)按下葫芦起了瓢,天天都会出问题。

作为领导/老板,自己仿佛就是一个"救火队员",企业每天都会出问题,有新问题浮现,也有老问题"死灰复燃",上班要处理各种问题,下班后还要应酬、陪家人、陪孩子……好不容易把客户招待好了,家人睡下了,孩子哄着了,自己也累得不行了,恨不得倒头就睡,哪里还有时间想什么管理改革、体系优化,只能先把眼前问题解决好,企业能正常运转不出问题就不错了。

(3)各种事情搅一起,一想梳理就乱套。

作为领导/老板,其实不是不想管,也不是不愿意管,只是有时一想梳理或改革,就发现所有事情都搅在一起,牵一发而动全身,仔细想想,还是维持原状吧。万一要是由于体系调整而打破了原有的习惯或平衡,又怕出现新问题,只能再忍忍。

(4)管理工具一大堆,该用哪个不知道。

一时之间,管理工具如"雨后春笋"一样涌现,让人应接不暇。而且这些方法、工具被描述得就像"咒语"一样,只要一用就能起效果,一用就能解决所有问题,一用就能给人"柳暗花明又一村"的启迪与感受。但是哪有那么多捷径可走,给了一堆管理工具,不知道究竟该怎么选。

上述这些现象,是我们在做咨询的过程当中经常听企业管理者倾诉的困惑。

2. 咨询公司实施现状

(1)战略定位不清晰。

很多做战略的老师或专家会说,这是战略的问题,由于战略定位不清晰，战略目标设定不清楚，所以无法有效地统一思路与想法，且由于战略目标没自上而下进行分解，导致员工各行其是，工作没有主线，所以管理咨询师需要进行有效的"战略规划咨询"，帮助企业找到定位，确立目标，明确实施路径。

（2）流程设计没做好。

很多做流程的老师或专家会说，这个问题不在于"战略"，而在于"流程"，因为流程手册做得不好，所以部门或员工无法清楚地了解自己到底处于哪一流程，或者处于哪一流程的哪个节点，也不清楚该节点的流程标准与流程成果应该是什么，从而导致效率滞后，影响企业经营效益，所以管理咨询师需要进行"流程梳理与再造咨询"，帮助企业提升工作效率，减少冗杂节点或流程数量。

（3）绩效考核没做对。

很多做人力资源的老师或专家会说，这个问题既不在于"战略"，也不在于"流程"，而在于"人力资源"，因为企业的问题都是人的问题，没有好的薪酬激励与绩效考核，难以留住优秀员工，更难以衡量员工的工作结果与工作价值，所以管理咨询师需要进行"薪酬绩效体系优化咨询"，帮助企业完善人力资源管理体系，提升人力资源管理能力。

（4）企业文化没凝聚。

很多做企业文化的老师或专家会说，这个问题不在于"战略"，也不在于"流程"，更不在于"人力资源"，而在于"企业文化"，因为让企业"基业长青"的核心在于有文化的持续推动与助力，通过文化才能让员工形成工作习惯，凝聚人心，实现"不用扬鞭自奋蹄"的管理效果，所以管理咨询师需要进行"企业文化咨询"，帮助企业提升员工士气，提高管理权威。

上述这些说法，是我们经常听到咨询公司或咨询师所说，不可否认，但是从企业领导/老板的角度而言，好像又不是很准确，没有触达问题的真正核心。

对于企业来说，很可能哪里都有问题，很可能各个体系之间的衔接都存在着或多或少的"不协调"，那么在这种情况下，如果仅从表面入手，却不去探究各体系之间的协作与逻辑关系，忽视这些体系之间的底层联系或顺序，最后的结果一定是次序混乱，形成"按下葫芦起了瓢"这种手忙脚乱的局面。

而各体系背后的底层逻辑与关联，就是"企业运营原理"，它是一个企业运转的基本原理，是企业管理过程中各个模块的前后顺序，也是企业应该遵循的基本逻辑。一个企业在运行与管理过程中，战略规划何时发布，薪酬管理制度何时编制，企业文化手册何时出具，是有其潜在顺序的，而这个顺序是不宜打破也不宜置换的，因为各个模块或各个体系之间存在"依存关系"。企业运营过程中，"后一个模块"的成果出具需要以"前一个模块"的成果为基础，方能实现协调运转，一旦顺序错乱或仅就其中某一模块单独设计，忽视整体的统筹优化，极有可能导致管理障碍，并且会越管越乱，这也是为什么"企业运营原理"如此重要的原因。

上述内容用"企业困惑"与"咨询公司实施现状"两类现象做分析与对比，是想表达"企业运营原理"的概念及为何如此重要。接下来，我们将深度解析"企业运营原理"中的各模块及排序。

3.2 企业运营各模块的顺序与特性

"企业运营原理"到底有多少个模块呢？每一个模块各处于哪个位置？

1. 战略管理模块

这是"企业运营原理"的第一模块,也是企业运转的核心与灵魂。以下是战略管理模块的特性。

(1)战略是"选择"的过程。

企业为什么要做战略规划?为什么要形成战略报告?战略到底是什么?它其实是一次"选择"的过程。管理咨询师在做管理或咨询的过程中不难发现,做战略也好,做流程也好,做人力资源也好,不是为了企业能运营顺畅和有序经营。在此基础上,为了让企业更好地发展,更好地生存下去,管理咨询师需要做行业研究、战略定位、战略权衡等工作,而这些工作的结果都是"筹码",这些"筹码"就是管理咨询师做选择的依据,行业研究越精细、战略定位越精准、战略权衡越多维,选择的依据也就越多,选择的底气也就越足,选择的结果也就越有效。所以做好战略的前提,是要正确且客观地看待其本质意义。

(2)战略是一套行动方案。

我们在长期的管理咨询项目实施过程中,战略咨询项目的结项成果或结项依据,通常都是"战略规划报告"或其他类似的文字性内容。但后来实践过程中我们发现这是"不对"的,因为咨询成果欠缺"行动力"。"欠缺行动力"就是方案缺少企业能够遵照执行或投入行动的方法或路径,这不能是一个想当然的思路,而应该是一套完整、系统、专业且相对科学的行动方案。因为战略不能仅仅停留在思路上,更不能只是一份看得过去的报告文件,而应该是一份能够指导企业执行且落实的纲领、方向以及行动文件的汇编,具体应包括资源梳理、策略衡量、目标设定、路径分析、保障措施、条件清单、审核清单等内容。通过每一份细分文件在不同使用阶段的应用,不断推进战略的实施深度且将其作为行为重点或工作任务落实到条件与审核内容上,才能将战略融入工作,而非仅仅只是一份看着好看、但永远也实现不了的"文件"。

2. 营销管理模块

这是"企业运营原理"的第二模块,也是企业运转的动力与源泉。营销作为企业运营的"龙头",其"有无"以及是否完整都影响着企业的盈利能力与运营潜力,营销体系的全面搭建是帮助企业识别客户画像、划分营销区域、搭建营销渠道、管控营销团队的关键,更重要的是,营销咨询要为企业真正带来效益增长,所以较为持续的落地服务以及可能的潜在资源对接,是其有效实现增值的关键。既然最核心的关键是"成交",那么如何用最简单、最有效以及最抓眼球的方式,占领目标客户的心智并激发其购买欲望,快速成交,实现企业收益增加,就成了管理咨询师关注的重点。但为什么不是销售,反而是营销呢?其实很简单,"营销"是一次"由外而内"的过程,销售是一次"由内而外"的过程,具体来说,营销是一个"过程",而销售是一种"行为"。一次完整的营销工作,是从市场着手、从客户需求着手、从企业产品着手的,包括"市场—研发—采购—生产—销售—售后"六大关键节点。虽然不同企业的产品属性不一样,有硬性,有软性,有实物,也有虚拟,但底层逻辑是不变的,即从市场与客户需求着手,研发、生产与销售客户需要的刚需产品,实现企业经济效益增长,只有这样才能称为"营销"。而销售呢?不言而喻,其为营销工作里的一个节点、一个行为,是通过对产品进行包装、渲染以及各类活动的加成,将其出售。营销和销售是"包含"与"被包含"的关系。若没有全流程的支撑,没有市场调研,没有研发的反复试错,没有采购的成本管控,没有生产的加班加点,没有售后的持续增值,仅靠销售的包装、话术以及各类活动,能将产品卖出去吗？即使卖出去了，能够持续增值与反复消费吗？忽视市场与客户的需求，闭门造车，企业还有持续生存下去的能力吗？显然是不能的，所以为什么在此说"营销管理模块"而不是"销售管理模块"？为什么是营销中心下设销售部，而不是销售中心下设营销部？为什么营销是体系，销售是团队？都是因为营销是一个能够保障企业运营顺畅、资金充裕的闭环体系。

3. 流程管理模块

这是"企业运营原理"的第三模块，也是企业运转的血液与脉络。讲到流程，其普及度与适用范围在某种程度上要比战略和营销更高，因为有的企业可能不重视战略的实施，却也可以活得很好。有的企业可能没有营销体系，而是将所有资源都集中在领导身上，由领导一个人带着整个企业跑，也可以活得不错。但基本每个企业或组织都有流程，或者叫作步骤。流程的普及度很高，甚至已经是很多企业的行为习惯。因为企业不能只有营销体系，而是需要将每一个行为、步骤、工作等，通过有效的节奏或前后顺序连接起来，先做什么、后做什么都有其时间要求，这种将每一个行为、动作、步骤连接起来形成的高效运转体系，就叫作流程体系。它是企业工作是否高效的重要影响因素，因为每一个流程节点的背后都是时间的消耗与工作任务或行为的执行，无效节点每多一个，时间就多消耗一点，无效工作任务或行为就多一个，无效节点积累得越来越多，企业就会出现"滞后"或"宕机"的风险。所以，每个企业做流程咨询，核心就是识别流程有效性与流程节点设置的合理性，通过优化流程、合并/删减流程节点来减少流程的无效运转时间，进而增加企业的运行效率。

4. 组织管理模块

这是"企业运营原理"的第四模块，也是企业运转的骨架与结构。组织管理到底是什么呢？

首先，企业要正常运行，需要的是各种功能，比如要有营销功能，才能将产品"由外而内"地合理输出；要有生产功能，才能将产品通过工序、工艺进行产出。无论是什么功能，都不能凭空存在或虚拟存在，都需要有一个媒介进行支撑，这便有了"部门"，也就是营销部、生产部等。

其次，有了部门，就需要有人进行支撑，这便有了岗位，所以每个部门绝不是凭想象设立的，而是需要考量企业目前以及未来的几年是否需要此类功能。如果需要，就设立该部门，如果不需要，则暂不设立，这需要结合实际情况进行分析与思考。而是否需要此类功能的考量，需要结合企业发展规划来看，这就将组织与战略进行了联结，也就是管理咨询师常说的"全科咨询"或"全科思考"。比如说，目前企业仅是销售型的，那么在市场变化或未来经营策略变化之后，是否需要由"销售型企业"转为"产销一体型企业"？如果需要，组织架构一定会发生变化，以往的销售型企业只是把产品卖出去就行了，不需要进行产品加工或生产，也就不需要生产或加工功能，所以也就没有"生产部"的概念。但产销一体型企业需要对生产进行管理，所以也就需要"生产部"来承接这一功能的变化并履行职责，这就是基于企业发展而引发的功能变化，也叫作部门的"应运而生"。

最后，基于以上两点，因为每家企业的发展规划都不相同，所需的功能也就不同，进而部门设置也不一样，如果照搬别家企业组织架构，不仅无法使企业增值，反而让自己陷入"尴尬"境地。

5. 人力资源管理模块

这是"企业运营原理"的第五模块，也是企业运转的保障与支撑。人力资源是很多管理咨询师从事管理咨询项目的起点，也是很多企业想找管理咨询师的初衷，但企业说到人力资源咨询效果的时候，却总是反馈不尽如人意。因为往往这种"单科咨询"的效果都不是太好，作为"企业运营原理"的其中一个模块，人力资源最重要的不是工具、方法或体系建设理论，而是"场景"。场景就是不同工具、不同方法的适用范围与使用边界，比如针对绩效管理体系建设，咨询公司都会出具一个成果，叫作"绩效指标库"，里面会罗列不同部门、不同岗位的不同指标，然后根据客户需求在指标库当中进行筛选，但实际上难以执行，因为客户其实并不完全清楚什么时候该换指标，或者在哪种情况下应当更换哪一个指标。由于缺少"指挥棒"，再好的成果也无法真正投入使用，也无法产生真正的管理效果，而这个"指挥棒"就是"场景"。管理咨询师需要告诉客户在什么场景下，应用什么成果，会产生什么效果，以及有什么风险等。

6. 企业文化管理模块

这是"企业运营原理"的第六模块，也是企业运转的内核与期望。说起企业文化，它是每个领导从内心真正想实现，但却永远也实现不了的梦想。企业文化是企业管理的集大成体系，也是企业运营顺畅的"计算公式"，如果将企业运营顺畅作为等式右边的结果，那么左边应该有企业文化需要提炼的内容，即企业文化咨询的重点。所以企业文化咨询并不是华丽的辞藻、浮于表面的规范或厚厚的手册，而是需要从战略开始进行追溯，最终得到一个能够让企业运营顺畅的公式。这个公式是一个能够让员工一看到就能想起操作规范、工作准则、重点任务等一系列要求的"提示器",是一个能够让员工不做错,能照办的"警示器",这才是企业文化的真谛,也是企业文化咨询的本质。它作为最后一个模块,是因为其是集战略方向、营销策略、流程规范、组织要求以及人力资源管理标准于一体的综合成果。

上述六大模块共同组成"企业运营原理"的主体内容,是每一位管理咨询师或企业高管应掌握的企业运营知识。正是通过这六大模块的有序运行,才形成了一个企业的正常运转。也许有人会问,"财务呢?"财务是企业运营效果的反映,是上述六大模块相互协作配合的数据化体现,所以在此基础之上,再辅以"财务管理"的有效调控与数据监督,便形成了完整的企业运行体系,只有从这个角度出发,管理咨询师才能真正了解企业管理咨询的本质以及如何与企业家同频。

3.3 企业运营诊断模型

企业运营诊断模型如图3-1所示。从模型中不难看出,其就是从"企业运营原理"而来,换句话说,从事管理咨询工作并不是在刻意地给企业找问题、挑毛病,而是从"企业运营顺畅与持续盈利"这个终极目标出发,找到影响企业有序运营的部分并加以改进或调整的过程。

该模型的前端以"企业运转、持续盈利"与"服务客户、高度满意"为导向,因为这是企业生存的根本,"一切向业务"是企业的根本概念。正因为有了业务、客户、市场,企业才需要不断运营,并且研究市场以及保证各类体系的有序运转,所以,此模型是以前端为主导、有序衔接、不可置换也不宜调序的管理逻辑链。诊断的关键是以此作为企业健康运营的标准顺序,对比分析企业现状,继而找到影响企业运营的部分，即管理逻辑链断开之处就是需要管理咨询师去解决、去补全的关键点。而解决方案就是让这些断开的体系与其他体系之间建立有效衔接的方法与实施路径。

图 3-1　企业运营诊断模型

我们再说明一个重点，那就是管理咨询师在诊断过程中必须要以"建标—对标"的方式开展工作，即以企业运营诊断模型为标准进行实际对照，找到真正影响企业运营顺畅的部分，再和领导沟通，站在真正管过企业、运营过企业的角度说明企业的问题，实现真正同频。咨询的最终目的是保障企业正常运转、有序运营并持续盈利，这也是企业想要实施管理咨询项目的真正原因。

3.4　企业运营诊断模型的应用步骤

企业运营诊断模型的实操分五步进行，具体如下。

1. 建标

建标即建立标准，企业运营诊断模型就是标准，它揭示了一个企业正常运转过程中所需要的各大模块，以及各大模块的前后顺序。每一个模块又有着其独特的功能与位置，缺一不可。

2. 对标

对标即对照标准，在对照之前，管理咨询师要按照企业运营诊断模型所要求的模块内容与顺序，依次进行企业现状信息收集，并按照顺序"一一对应"地进行排列。

3. 明标

明标即明确标准，有了标准和现状，管理咨询师就可以进行对比分析了。企业现状有几个模块，有哪些内容无法与企业运营诊断模型对应，这就是管理咨询师对比分析的关键，即找到企业现状中没有的模块，或者衔接不顺畅的模块，以及专业程度较低的模块，进而找到改进方向。

4. 达标

达标即达到标准，找到了方向和标准，解决方案也就呼之欲出了。管理咨询师的方案是为了补全残缺的模块、提高专业度不足的模块、重新建立企业运营的底层逻辑链而编制的。此时，一个管理咨询项目的定位以及项目实施的标准也就清晰了，解决方案的具体针对对象也就明确了。

5. 贯标

贯标即贯彻标准，得出解决方案并不是咨询的终点，真正的终点在于将新体系与其他现有体系有效相连，这既是贯彻的关键，也是咨询方案能否达到效果的关键。所以，通过体系试运行工作的实施，企业从上至下均了解方案内容且坚决贯彻执行，是管理咨询方案能够起到作用的保障。

CHAPTER 04

项目建议书与项目的成功合作

4.1 项目建议书的意义

项目建议书是管理咨询项目成功的基础,更是一个管理咨询项目的起点。没有项目建议书,就没有管理咨询项目的合作,所以,作为一名管理咨询师,一定要掌握项目建议书的编制方法,一份好的项目建议书是一次有效的营销,更是让客户关注且认可你专业能力的前提。

在这里通过两个误区来说明项目建议书的重要意义。

1. 项目建议书没多大用

很多管理咨询师对项目建议书不以为然,认为项目建议书没用,自己辛苦写那么多页完全没必要,只要有品牌或关系就可以,这种思想完全是错误的不要总想走捷径,必须踏踏实实、规规矩矩地写项目建议书,因为这是向客户表明你的能力、你的价值的关键证明之一。

2. 项目建议书有模板就行

很多管理咨询师写项目建议书的时候，并不是认认真真地写，而是直接拿模板来套用。项目建议书其实是企业的"初考"，就和考试一样，企业在考察你作为一名管理咨询师到底有没有做过调研，有没有分析或思考过企业的问题，有没有结合实际考虑问题的针对性解决方法，以及是不是在上述关键点都思考清楚后向企业提出建议。这份"考卷"在企业领导心里其实是有一份正确答案的，谁的项目建议书与企业领导心里的答案越接近，成单的概率也就越大。

通过阐述以上两种误区不难得出，靠关系、靠模板也许能在某一段时间内获益，但无法长期获益，而且一旦出现问题将形成永久性伤害。那么，既然关系不一定永远靠得住，模板也不一定每次都能调整完美，初入行者只有明白其重要意义才能写好项目建议书。

项目建议书是为管理咨询项目做营销的可视化文件，更是一份回答企业问题的"答卷"，这就是项目建议书的重要意义。管理咨询项目并不是强行营销，而是构建一个环境或氛围，通过专业化的解读与分析，让客户明确哪个思路对其有更高的价值。这个环境与氛围当中的可视化文件或媒介就是项目建议书。而在这个环境与氛围当中，企业是带着问题进入的，咨询师有必要对客户的问题进行初步且正面的回答（此时管理咨询项目还未成型，管理咨询师还未进场开展调研与访谈工作，所以只是对问题进行初步回答），让客户了解你是否有把握，是否可以承接，是否可以为其解决问题，这时管理咨询师需要提供一份可以追溯的文字性内容。所以，项目建议书是一份应被高度重视的文件，是管理咨询项目签约与否、价格高低以及客户认可与否的关键支撑。

4.2 项目建议书的体例

明确了项目建议书的重要意义之后，还需要明确项目建议书到底应该怎么写，即采用什么样的体例，先写什么，后写什么。

1. 撰写项目建议书的要求

一份成功的项目建议书应该是一份符合客户要求且能够就客户的重点问题进行回答的"答卷"，这份"答卷"至少需要符合以下要求。

（1）同频沟通。

管理咨询师所分析的站位点，需要和企业领导的站位点在同一维度上，即站在企业运营的角度向领导阐述有哪些问题，以及如何分析与解决。

（2）匹配需求。

管理咨询师所分析的内容，需要和客户所关心的现象具有一致性与匹配性，即从客户所关心或重点阐述的现象入手，进行关联分析。

（3）体例正确。

管理咨询师所使用的结构，应符合项目建议书的体例，这不是一份总结报告、一份工作汇报、一份研究报告，更不是一份请示公函，用对体例是项目建议书的第一要点。

2. 项目建议书的体例分类

项目建议书的体例应该分为两大部分，或者说是两种文件体例的相互融合。项目建议书的体例结构如图 4-1 所示。

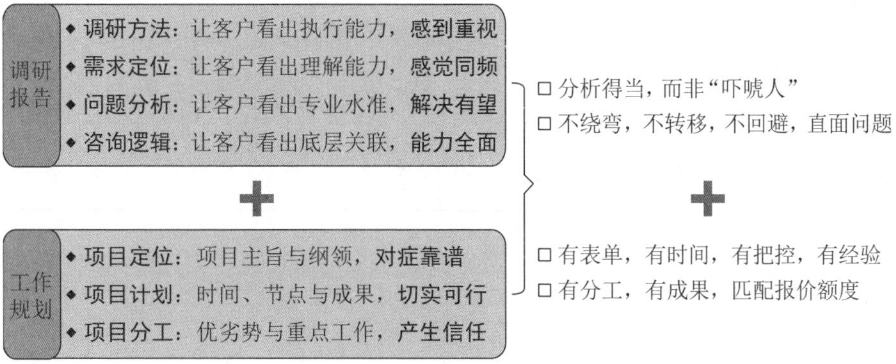

```
┌─────────┬──────────────────────────────────────────────┐
│         │ ●调研方法：让客户看出执行能力，感到重视      │
│ 调研    │ ●需求定位：让客户看出理解能力，感觉同频      │  ▢ 分析得当，而非"吓唬人"
│ 报告    │ ●问题分析：让客户看出专业水准，解决有望      │  ▢ 不绕弯，不转移，不回避，直面问题
│         │ ●咨询逻辑：让客户看出底层关联，能力全面      │
└─────────┴──────────────────────────────────────────────┘
                            ＋                                       ＋
┌─────────┬──────────────────────────────────────────────┐
│ 工作    │ ●项目定位：项目主旨与纲领，对症靠谱          │  ▢ 有表单，有时间，有把控，有经验
│ 规划    │ ●项目计划：时间、节点与成果，切实可行        │  ▢ 有分工，有成果，匹配报价额度
│         │ ●项目分工：优劣势与重点工作，产生信任        │
└─────────┴──────────────────────────────────────────────┘
```

图 4-1　项目建议书的体例结构

（1）调研报告。

即调研报告的体例结构。作为一名管理咨询师，应当在调研报告中写明以下重点内容。

①调研方法。

即管理咨询师在与客户进行相对简短的沟通之后，该采取哪些调研方法？比如资料查询法，管理咨询师可以上网搜索客户的相关信息或新闻内容，以便对客户有一个更为清晰的了解，了解那些客户未和你说的事情。再比如现象汇集法，管理咨询师可以通过客户的简短阐述进行现象汇集，众多现象均汇集于一处或指向同一个问题，这说明客户反映的一些问题可能确实是存在的。所以，管理咨询师要会倾听，项目建议书编制前的沟通是极为重要的，如果只说不听，则很难汇集现象，项目建议书最终会显得空洞与泛泛。

②需求定位。

在运用多种调研方法后，管理咨询师需要给项目需求做初步定位，这是通过现象、数据等分析而来的，不是单纯"拍脑袋"想出来的。通过需求定位向客户表达专业的理解能力，即管理咨询师们反复强调的"同频"。

③问题分析。

经过需求定位,管理咨询师需要对问题进行分析,即目前这些让企业较为困惑的管理现象到底是由于什么原因引起的?到底是如何引起的?问题分析得精准与否,是向客户表达专业水准的过程,即常说的"专业度"。

④咨询逻辑。

经过问题分析,管理咨询师还需要向客户展示"咨询逻辑",在推进管理咨询项目过程中,或者进行体系调整过程中应遵循的先后顺序,即管理咨询师要解决的问题处于企业运营逻辑链的什么位置,它的前面是什么,后面是什么,其他体系是否需要连带调整等。咨询逻辑是否顺畅与正确,是一名管理咨询师了解企业运营的关键,也是对"企业运营原理"的实际运用。

(2)工作规划。

即工作规划的体例结构。作为一名管理咨询师,应在工作规划中写明以下重点内容。

①项目定位。

项目定位,即在需求定位与问题分析之后,管理咨询师需要明确本次咨询需要做什么,或者做哪些模块,这是客户在浏览项目建议书的时候最为关心的一项内容。项目定位的准确与否,是管理咨询师与客户的"二度同频",高度的同频将换来高度的认可。

②项目计划。

项目计划,即项目在推进过程中的重要节点与成果名称,在此指的是框架计划,这是客户在浏览项目建议书时关心的另一项内容。例如到底要花多少时间,给出什么成果,以及客户所关注的重点成果到底在哪个阶段才能出具或完成等。通过项目计划的提出,可以向客户展示管理咨询师操作此类项目的经验与信心。

③项目分工。

项目分工，即项目在推进过程中的权责划分与对接任务。在做管理咨询的过程中，我们发现咨询项目的分工其实也是客户关心的重点内容之一。客户关心在项目推进过程中，他需要完成什么，需要配合什么，需要支持什么，以及需要调动多少人员才能帮助项目成功。作为项目对接部门或项目对接人，绝对不希望由于自己配合失误而造成项目失败，这也考验着管理咨询师对于项目的把控或管控力度，是管理咨询项目操作经验与专业度的综合体现。

4.3　项目建议书的编制框架

项目建议书的编制有"四维八部法"。"四维八部法"是指四个维度和八个部分。通过这些维度与部分，可将"调研报告"与"工作规划"两大部分的内容充分体现出来，快速搭建项目建议书的整体结构。项目建议书的"四维八部法"如图4-2所示。

第一维度：客观与重视。

即在第一维度当中，需要体现作为一名管理咨询师对客户的重视与客观严谨的态度，有以下两个部分需要重点编制。

第一部分：项目背景。

通过与客户交流与查询网站等方式，对客户企业的情况进行简述，并且站在企业运营的角度解读客户需求，并说明作为管理咨询师对项目需求与项目目标的理解，这是与客户的首度同频。

维度	部分	要点	部分	要点
客观与重视	第一部分：项目背景	背景阐述，查询网站 说明诉求，客户角度 解读诉求，首度同频	第二部分：问题分析	数据汇总法，指向 现象汇总法，集中 重视"一例一法"， 而非生搬硬套
专业与水准	第三部分：咨询逻辑	全盘逻辑，站位运营 突出位置，前后衔接 做好铺垫，后续推进	第四部分：项目定位	匹配模块，精准定位 针对问题，一一对应 二度同频，深度解读
计划与分工	第五部分：项目计划	框架日程，突出熟练 重要节点，风险管控 成果分类，明确价值	第六部分：责任分工	不说套话，说明优劣 限定范围，权限负责 熟练统筹，有效规定
团队与报价	第七部分：项目团队	专业对口，突出水平 案例列举，引入见证 风格鲜明，匹配领导	第八部分：报价结论	细分报价，突显体系 结论综述，突出效果 合理说明，留有余地

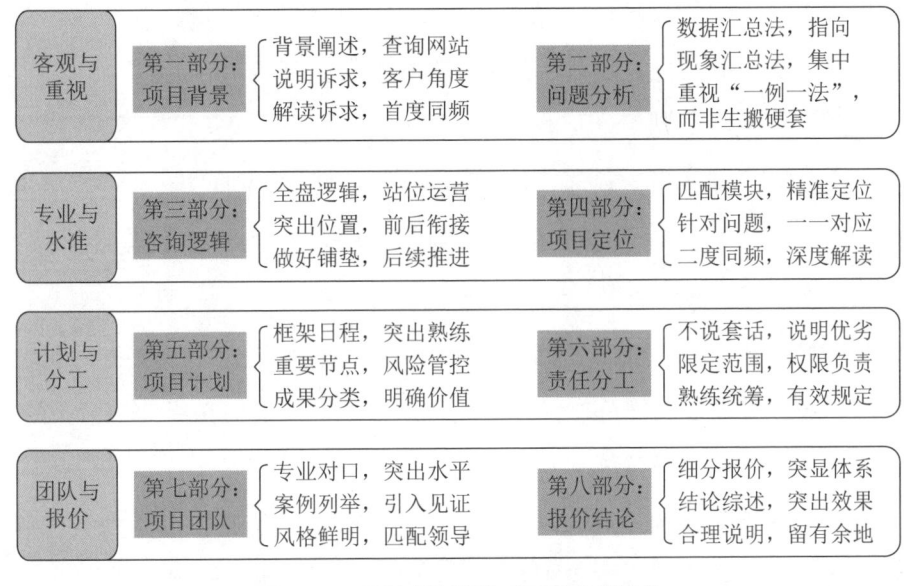

图 4-2　项目建议书的"四维八部法"

第二部分：问题分析。

通过数据汇集或现象汇集等方法，明确问题的集中度与指向性，展示作为管理咨询师基于客户实际情况进行分析的针对性与严谨性。

第二维度：专业与水准。

即在第二维度当中，需要体现作为一名管理咨询师对管理咨询项目推进的专业与职业水准，有以下两个部分需要重点编制。

第三部分：咨询逻辑。

站位企业运营角度，突出全盘逻辑，尤其要表明本次项目在企业运营的哪个逻辑节点上，属于哪一部分或哪一模块的问题，该问题的前后顺序与衔接又分别是什么等，为项目的推进以及需要调整的连带体系进行铺垫，展示作为管理咨询师对企业运营的考量以及全面性与逻辑性。

第四部分：项目定位。

通过对企业运营逻辑的推导以及对问题的分析，对本次项目的重点模块或重点主题进行定位，确保问题与模块／主题之间的匹配程度，这是与客户的二度同频，是对客户需求的深入解读与分析。

第三维度：计划与分工。

即在第三维度当中，需要体现作为一名管理咨询师对管理咨询项目推进的周期把控与权责利弊权衡能力，有以下两个部分需要重点编制。

第五部分：项目计划。

制订框架计划以及主要的项目阶段与重点输出成果，突出作为管理咨询师对此类项目的熟练操作以及不同阶段的实施价值与必要性。

第六部分：责任分工。

即推进管理咨询项目的过程中，甲方与乙方的优势，以及两者优势相互融合的必要性。规定或限定双方的权责范围与责任边界，是确保双方"不越位""不错位"的必要前提。

第四维度：团队与报价。

即在第四维度当中，需要体现作为一名管理咨询师对管理咨询项目推进的人员匹配与价格权衡能力，有以下两个部分需要重点编制。

第七部分：项目团队。

根据客户需求、项目框架计划的周期以及专业能力等维度，甄选适宜、有效、能解决问题的咨询人员组成咨询团队，突出作为管理咨询师对咨询团队的成员组建、咨询风格以及领导要求的支撑作用。

第八部分：报价结论。

综述结论，对该团队成员推进此项目所需要的整体报价进行确认，并且突出咨询价值、成员能力以及管理咨询项目报价体系的严谨程度。

基于上述文字与图示说明，我们对一份项目建议书应当编制几个章节／部分，以及每一章节／部分应当主要写明哪些内容等作出明确说明。

4.4 项目建议书的逻辑与撰写重点

如何才能写好项目建议书呢？除上述内容之外，还需要明确基础逻辑与撰写重点，即项目建议书应该遵循一种怎样的逻辑来编制，以及需要重点注意以及"避坑"的内容又是什么。

项目建议书的逻辑是什么呢？简单地说，就是"问题→逻辑→模块→计划"这四个关键节点之间的相互连接。

1. 问题

项目建议书开篇的第一和第二部分，先言简意赅地说明管理咨询师所理解的企业现状与所存在的问题，既"提神"又"醒脑"，快速让客户关注且重视项目建议书的内容。在此，还有另外一个重要内容，那就是增加项目建议书的"可读性"，这是管理咨询师在做文案时的主要要求之一，即无论内容或逻辑的关联如何，项目建议书的文案首先应当具备"可读性"，即容易、便于让企业领导顺畅地读下去，如果对方看不下去，那再专业的报告也会丧失它的魅力。而提高"可读性"的关键技巧之一就是"开篇表关注，重点说问题"，既表明对客户的重视，也表明客观性，没有任何谄媚与过度夸奖，而是严谨地指出客户目前可能存在的问题。

2. 逻辑

逻辑紧随"问题"的部分而出现，一般位于项目建议书的第三或第四部分，无论管理咨询师的书写习惯如何，此部分的内容都应该出现在项目建议书的前半部分。作为一名管理咨询师，应该知道"全科咨询"的重要性，一个咨询团队的到来不仅仅是为了解决某一个问题，而是要在解决问题的基础上保障企业运营顺畅，这才是根本。任何一个企业领导都不会为解决"薪酬"而解决"薪酬"，一定是希望通过解决薪酬问题激发员工积极性，或者留住优秀员工，进而提高员工工作效率与业务流程效率，最终实现经营效益的稳定与增长，这才是目的。所以，管理咨询师必须要在项目建议书中展示本次项目的问题在"企业运营原理"中属于哪个模块，该问题的"前置"与"后续"分别是什么，以及该问题的解决能在何种程度上推动企业的顺畅运转等，这都表明管理咨询师是站在和企业领导同频的角度上去看待企业问题的。

3. 模块

在点明了企业可能存在的问题，以及该问题在企业运营逻辑链上所处的位置之后，接下来就该进入"解决阶段"，即管理咨询师将通过哪些模块来达到解决问题且保障企业运营顺畅的目标。而这些模块也需要按照企业运营逻辑进行有序排列，此举既便于将各模块的成果进行关联，也有益于说明各成果的价值与意义。

4. 计划

在阐明模块内容之后，就要准备进入"计划阶段"，即管理咨询师所设计的不同模块需要在多长的时间内分多少个阶段实施，每个阶段又有哪些重点成果。此部分是表达管理咨询价值的重点内容，作为一名专业的管理咨询师，不应该过分地延长时间来收取更多费用，也不应该过度缩短时间来谋求快速成单，过长或过短的时间都有可能造成项目的烂尾。所以，本部分应该结合管理咨询师对客户的行业特性、人员规模以及问题复杂程度等维度的综合判断，对整体框架时间有一个全面的把控。

上述四个逻辑节点是管理咨询师在撰写项目建议书时需要注意的逻辑。虽然管理咨询师在撰写项目建议书时会有不同的习惯与方法，但底层逻辑不应轻易调整或变化，因为该逻辑是客户浏览项目建议书时所关注的内容顺序，即问题找得准不准，底层逻辑与连带关系清不清晰，模块定位与数量对不对，以及计划安排是否周密等，任何一个节点的欠缺都有可能导致一个管理咨询项目的失败。

在这里还要注意项目建议书的撰写要点，具体如下。

要点一，问题切忌说得太多。很多管理咨询师以问题"说得多"为荣，总认为自己看到了别人看不到的问题，总认为自己高瞻远瞩，功力深厚。可是问题一旦说得太多，反而显得"外行"。因为在企业领导眼里，很多问题根本就不叫问题。所以，管理咨询师在点明企业问题的时候千万不要"以多取胜"，而应该站在企业运营的角度来说明企业有多少问题。这些问题多则 5～6 个，少则 1～2 个。

要点二，要掌握翻译技巧。针对翻译技巧，其实有两类解读。一是"跨语种"翻译，比如英译中、中译英等，这属于专业技能，需要长时间地学习并掌握不同语种的语言环境与氛围，方能做到。二是"术语"翻译，即将专业术语翻译成容易理解的语言，或者通过逻辑推导将其转化成经营语言或经营要求，管理咨询师常涉及的是第二类翻译，即"术语"翻译，不管做的是哪个模块的咨询，在解读过程中都要将该模块与企业运营相关联。

例如有这样两句话，一是"我们通过绩效指标库的建立，完善了绩效管理体系的结构与内容，且通过绩效指标库的使用，提高了考核效率与各部门的认同感"；二是"我们通过绩效指标库的建立，完善了绩效管理体系的结构与内容，且通过绩效指标库的使用，提高了考核效率与各部门的认同感，进一步保障了业务流程的运行效率，拉动企业效益增长,同比增长率达15%"。从第一句话的角度来看,这只是人力资源咨询的工作任务,也只是人力资源部的工作重点,领导听完之后会很直接地认为这是人力资源部或人力资源咨询应该达到的状态,几乎无法体现出咨询的价值或人力资源部门的重要性。可第二句呢?它将绩效管理体系的优化与业务流程、经营效益进行了关联,而且通过"企业运营原理"有逻辑地推导出来,领导听完的感觉就会大不相同,因为这会触动他对于人力资源咨询或人力资源部工作改善的想法,他会突然意识到原来人力资源咨询或人力资源部还能有效保障企业的业务流程效率与经营效益,只加一句话,就会在很大程度上提高咨询或部门的价值,这就叫翻译的技巧。当然在操作过程中还是要结合实际情况与数据来衡量,不可一概而论。

管理咨询师明确了一个概念,那就是要通过翻译技巧将咨询模块与企业运营相连。这个技巧怎么用呢?其实就是"企业运营原理"的逻辑链。所以翻译技巧不是文字游戏,而是对"企业运营原理"的熟练掌握、逻辑运用以及站位企业运营的"全科视野"。不论管理咨询师所做的咨询项目需要用到哪一个模块,都可以通过对"企业运营原理"的有效运用,将各模块进行"从前至后""从后往前"的有序推导。

CHAPTER 05

项目解决方案编制法

5.1 项目解决方案的意义

解决方案是客户购买咨询服务最希望得到的内容，同时也是各管理咨询公司用以交换咨询费用或其他价值的关键成果。解决方案并非基于某一专业领域或专业模块而形成的方案内容，而是一套成熟解决方案的编制框架，简单讲就是无论做哪个领域或哪个模块的管理咨询项目，都应当遵循的解决方案组成结构，也是将其放在"通用技能"里面的原因。

想要了解解决方案就要明确一套完整、成熟的解决方案意味着什么？在管理咨询项目推进过程中，管理咨询师会经常听到以下声音。

1. 咨询成果全都是零散的表格、表单或制度，难道我花钱就为了买这个吗

这是管理咨询师经常能听到的第一种声音。确实如此，客户寻找管理咨询服务，从根本上讲，还是希望解决某个问题或缓解某种现象，而非单纯"买文件"。但现在一些管理咨询公司却反复掉入一个"怪圈"，那就是成果数量越多越好，成果越多证明做得越仔细，所以将很多内容区分得很"细碎"，甚至连一份表格都被算作成果，做得仔细是对的，但仅通过成果数量来反映"仔细"就不可取了。此外，还存在另外一种现象，那就是方案"不系统"，由于成果较为零散，相互之间的关联度较低，无法有效组合成一套整体的行动方案，导致其可使用性或可落地性欠佳，进而导致问题的解决效果不好。

2. 你们的解决方案和承诺的不一样啊，到底出了什么问题

这是管理咨询师经常能听到的第二种声音。在很多管理咨询项目的推进过程中，经常出现由于"拿单"的急迫性而导致过度承诺，到最后无法兑现的情况。在项目初步接洽的过程中，客户会提出各种问题来考验或辨别管理咨询公司，但即使有再多问题，在未签约以及实际开展项目之前，管理咨询公司也不会出具任何相应成果内容，就算看，也是看同类型案例的实施情况，可同类型的案例，即使情况再相似，也不是自身企业的实际情况，这就叫作"可视化不足"。此举就会导致管理咨询师所说的内容与客户所理解的内容相去甚远，此种情绪纠缠下，到了交付成果的时候，往往就会出现争执，而争执的源头就是交付的成果和想象的不一样，管理咨询师为了拿单又没有提前完全说明，最终形成"死循环"。也正是因为此种情况的出现，明确解决方案的框架结构、明确管理咨询的成果边界就显得愈发重要。

3. 项目做完，咨询师就撤场了，即使有"陪跑"，好像也就做做样子，方案到底怎么用呢

这是管理咨询师经常能听到的第三种声音。在管理咨询过程中，管理咨询师的职责并非仅仅出具方案，还包括就方案的落地实施给出可行性建议，甚至与客户一起完成方案落地工作。而此部分的服务，在现行的管理咨询项目当中，却做得不是很彻底，或者说不充分。例如一个方案的落地，需要宣传贯彻、发布、试运行、调整、固化等必备步骤，可这些步骤的实施周期却是因企业而异的，且由于每家企业的基础管理水平不一致，要做到的落地准备也就不同。某家企业在宣传贯彻落地的时候需要"讲话稿"，作为成果的编制与设计者，管理咨询师对领导思路的掌握以及对成果内容的拿捏，在某种程度上是超过企业内部人员的，但管理咨询合同通常不会把"讲话稿"作为成果之一列入，从而可能会由于落地准备不足而影响落地效果或宣传贯彻力度。上述只是"冰山一角"，真正在落地过程中需要准备的不仅仅是"讲话稿"这么简单，但如果没有一个明确的解决方案组成方法，没有将保障落地效果的必备成果列入组合要素，就会导致无法对解决方案进行有效实施，进而影响交付效果。

当然，众多声音均指向一个问题，就是解决方案不能"随意而为"，更不能"任意搭配"，其有着必备的底层逻辑与组合要求，且解决方案的真正意义在于"针对特定问题或特定现象所给出的一套实施操作方案"。

5.2 项目解决方案的组成

在明确了"解决方案"的意义之后，接下来就要知道解决方案的组成要素，或者说应该具备哪些内容，才能将其称为一份"解决方案"。

"解决方案"总结提炼为"3+X"结构，即三个级别的文件加上一套"X文件"。所谓"X文件"，指基于客户不同需求所出具的便于项目成果文件落地实施的特殊文件，此类特殊文件往往是客户落地实施的关键与纽带。"解决方案"的"3+X"结构如图5-1所示。

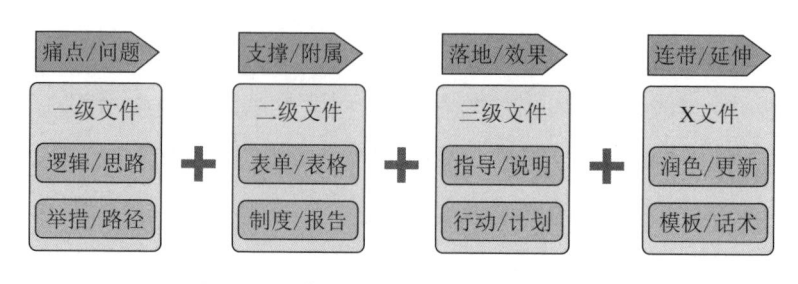

痛点/问题	支撑/附属	落地/效果	连带/延伸
一级文件 逻辑/思路 举措/路径	二级文件 表单/表格 制度/报告	三级文件 指导/说明 行动/计划	X文件 润色/更新 模板/话术

图5-1 "解决方案"的"3+X"结构

1. 一级文件

所谓"一级文件"，指基于客户痛点问题或关键现象而形成的，以"逻辑/思路"或"举措/路径"为主体，带有论说性质的纲领性文件。此类文件为整体管理咨询项目的总纲或主导思路，应带有对于问题的分析、确认，以及就问题而开展的应对策略权衡、实施路径/步骤等内容，管理咨询师常说的诊断调研报告等均属于此类文件范畴。

2. 二级文件

所谓"二级文件"，指能够对一级文件形成支撑的，以"制度"等为主体的带有管控性质与可追溯性质的保障类文件。此类文件通常为客户应发布或宣传贯彻的成果类文件，是就逻辑、思路以及现象所推导与总结出来的成果内容，管理咨询师常说的"×××管理制度"等，均属于此类文件范畴。

3. 三级文件

所谓"三级文件"，指对实施步骤、思路等内容作出说明、解读，以"计划书"为主体的带有指导性质的计划类文件。此类文件通常为对整体管理咨询项目作出解释或明确某项工作如何落地执行的辅导，管理咨询师常说的"×××实施计划书"等，均属于此类文件范畴。

4. X 文件

所谓"X文件"，指为确保项目落地实施或开展试运行为导向，以"模板/话术"为主体的带有灵活机动性质的文件种类。此类文件通常为保证项目落地实施的操作性文件，管理咨询师常说的"×××模板/话术"等，均属于此类文件范畴。

上述图示与文字说明，以此"3+X"的模式进行带动，充分做到"逻辑有展示、思路有方向、保障有制度、计划有节奏、落地有指导、举一能反三"的良好效果。

5.3 项目解决方案的撰写结构

作为一名管理咨询师，不仅应当明确"解决方案"的意义与组成，还应当进一步了解不同组成部分的撰写结构，方能在项目推进过程中彰显自身价值。以下将重点讲解"一级文件"与"三级文件"的撰写结构。而"二级文件",即管理制度等文件如何优化与完善,将在"第十六章"当中详细解读。

一级文件作为"解决方案"当中的首类文件,承担着说明管理咨询逻辑、展示项目解决思路、突显管理咨询价值以及梳理解决路径/举措的重任。此类文件的客户认可度直接影响着客户对于本次管理咨询项目的认知与体验,那么此类文件到底怎么写呢?一级文件为"两大阶段(阐明阶段和解读阶段)"+"六大要点"的撰写结构,可帮助学习者快速了解并掌握此类文件的写作要点。一级文件撰写结构如图5-2所示。

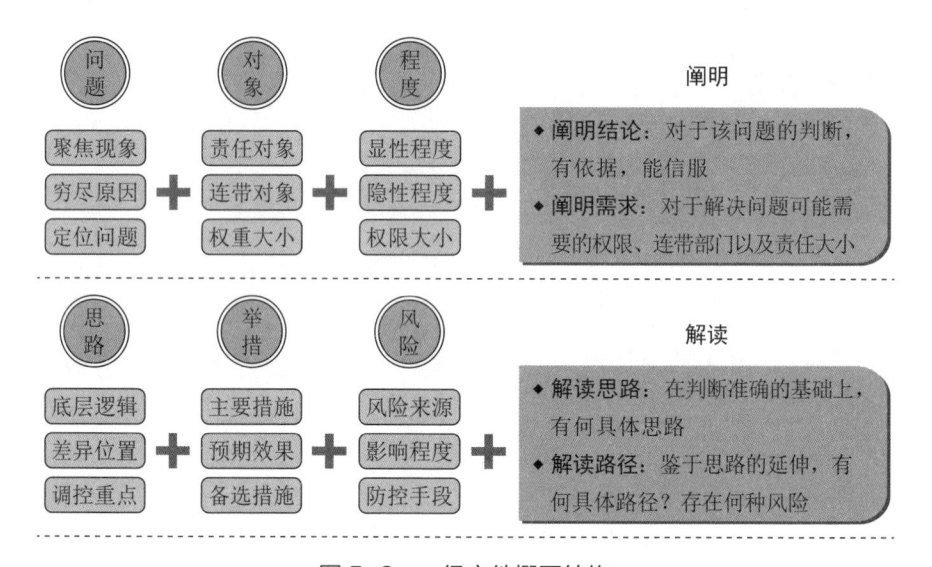

问题	对象	程度	阐明
聚焦现象	责任对象	显性程度	◆ 阐明结论:对于该问题的判断,有依据,能信服
穷尽原因	连带对象	隐性程度	
定位问题	权重大小	权限大小	◆ 阐明需求:对于解决问题可能需要的权限、连带部门以及责任大小

思路	举措	风险	解读
底层逻辑	主要措施	风险来源	◆ 解读思路:在判断准确的基础上,有何具体思路
差异位置	预期效果	影响程度	
调控重点	备选措施	防控手段	◆ 解读路径:鉴于思路的延伸,有何具体路径?存在何种风险

图5-2 一级文件撰写结构

1. 阐明阶段

阐明阶段指对本次项目的重点问题、主要对象以及重要程度进行说明,旨在达到问题认可的一致性以及显性/隐性影响的关联性。阐明阶段要写明以下三点。

（1）问题的聚焦性。

做管理咨询项目，一定要将问题聚焦化，并在问题聚焦的前提基础上穷尽该问题出现的原因与场景，向客户表明本次项目需要重点解决的问题，形成与客户的深度同频，避免由于问题认知不同频而造成的项目交付困难。

（2）对象的精准性。

所谓对象的精准性，即引起本次问题产生的责任对象是谁，应该由哪个部门、哪个领域或哪个模块来主导该体系的运营与相互协调，还应明确该责任对象是否有其他连带对象（即"企业运营原理"当中的连带体系或前后承接/顺延的体系），以及不同对象所统筹的体系之间权重如何，以此来明确不同对象的解决优先级。

（3）程度的高低。

即本次项目对于不同问题或对象的显性/隐性风险是否存在，以及不同风险所对应的实际部门/岗位的权限如何，以此来判断不同的牵头责任者。

通过对问题、对象以及程度的阐明，向客户明确本次项目要解决的问题、应当关注的责任对象以及该对象由于权限范围不同将引起的潜在风险，与客户达成一致认知，后续的所有成果文件均将在此脉络的基础上进行设计与交付，避免由于客户不了解潜在脉络而导致的成果价值认同度不高，也规避由于某些成果的篇幅不到位而引起的交付疑惑。

2. 解读阶段

解读阶段是指对本次项目的核心思路、主要举措以及风险防控进行说明，旨在达到对于问题解决的可行性、认可性以及尺度与范围的把控。解读阶段要写明以下三点。

（1）思路的可行性。

熟练掌握"企业运营原理"的知识点与操作模型，即通过对"企业运营原理"的分析，表明本次项目的底层逻辑、需要解决的问题或对象所处的不同位置，以及本次项目的调控重点等内容，以此来告知客户，企业运转是一个整体，绝不能"头疼医头，脚疼医脚"，必须要全面衡量企业运营的顺畅度与流畅性，找到运营不顺畅的衔接点，而这些衔接点就是企业管理咨询师要解决的重点方向。

（2）举措的合理性。

当明确问题、对象、程度以及思路等内容之后，接下来就需要说明为解决该问题或缓解该现象，管理咨询师要采取哪些步骤和举措，以及运用多大的尺度。因为不同领导对于解决问题所要付出的"代价"的接受程度是不同的，有的领导喜欢"大刀阔斧"地做改革，有的领导喜欢"细水长流"地做优化，不同的领导风格应当由不同的方案和举措来满足，这才是管理咨询方案定制性之所在。故而，管理咨询师需要写明主要措施、预期效果，以及当主要措施不具备实施条件的时候还有哪些备选措施。

（3）风险的大小。

任何改革或优化工作，都是收益与风险并存的。但对于一名管理咨询师来说，应当尽可能地在风险可控的范围内将问题妥善解决。所以，在最后应当就风险问题进行再次提示，并且独立成章，表达作为管理咨询师对企业运营以及风险防控措施的重点关注。鉴于此，风险来源、影响程度以及防控手段是应当写明的必备内容，如果一名管理咨询师只了解如何启动项目、推进项目，但却不了解出现阻碍或风险时如何防控，那他就不是一名优秀的管理咨询师。

通过对思路、举措以及风险的解读，向客户表明本次项目的推进与解决思路、重点实施的关键举措以及对于可能出现的风险所准备的防控措施，同时包括符合客户的领导风格以及满足客户企业所适用的操作尺度（该尺度应一直伴随项目），让领导了解以此尺度操作可能带来的影响、风险等内容，让领导心里有底，这是客户始终支持咨询项目组开展工作的必备基础。

三级文件作为"解决方案"当中的支撑文件，承担着管理咨询项目落地可行性高低、指导与说明是否有效以及行动计划与人员安排的操作性强弱等价值的体现。此类文件的有无以及客户是否认知，直接影响着项目是否能够落地以及落地之后的体系运行情况如何，是管理咨询项目完善收尾的关键文件。三级文件包括"两大阶段（阐明阶段和指导阶段）"+"六大要点"的撰写结构，虽说结构与一级文件类似，但内容却是完全不同的。三级文件撰写结构如图 5-3 所示。

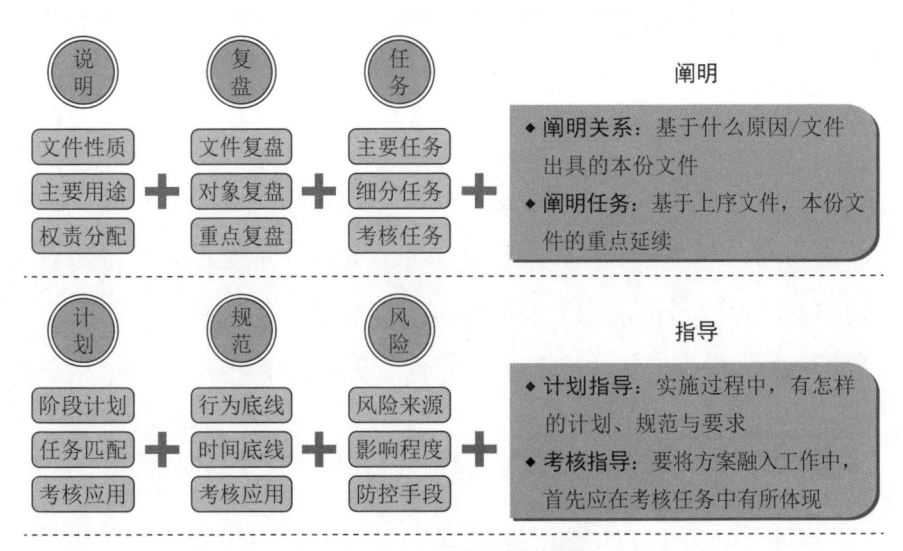

阐明

说明	复盘	任务
文件性质	文件复盘	主要任务
主要用途	对象复盘	细分任务
权责分配	重点复盘	考核任务

- **阐明关系**：基于什么原因/文件出具的本份文件
- **阐明任务**：基于上序文件，本份文件的重点延续

指导

计划	规范	风险
阶段计划	行为底线	风险来源
任务匹配	时间底线	影响程度
考核应用	考核应用	防控手段

- **计划指导**：实施过程中，有怎样的计划、规范与要求
- **考核指导**：要将方案融入工作中，首先应在考核任务中有所体现

图 5-3　三级文件撰写结构

1. 阐明阶段

阐明阶段是指对本次项目的成果文件、现象复盘以及重点实施任务等内容进行说明，旨在阐明成果存在的必要性以及重点任务的清晰度。阐明阶段要写明以下三点。

（1）说明的成果。

在管理咨询项目推进到这个程度的时候，主体成果基本都已完成，后续的工作任务是将成果运用到企业运营当中，让其真正发挥价值与作用。那么，在此部分，管理咨询师就有必要告知客户，一共完成了多少个咨询成果，这些咨询成果文件的性质如何、有何用途，以及不同文件的牵头部门是哪些，应当具备哪些权责分配方能指导各部门有序配合等，以此来向客户说明每一份文件的必要性以及不同文件之间的关联程度如何，确保每一份文件的价值得到客户内心的认可及对未来的期盼。

（2）复盘的必要。

管理咨询师有必要通过对项目重点现象的复盘，来向客户明确之前所提到的不同成果文件到底对应着哪些现象，是因哪些现象或问题的存在，管理咨询师才出具相应成果文件的。由于企业领导每天工作事务非常繁杂，即使再重视管理咨询项目，也无法完全投入其中，对于管理咨询项目阶段或成果容易忘记或记忆模糊，所以在此复盘既有利于重新唤起领导的记忆，也有助于明确成果文件与应解决问题／现象的匹配性。

（3）任务的明确。

即明确本次项目在实施落地过程中应当完善或推进的主要任务并进行细分，以及由于任务完成度不同所形成的考核指标，以此来确保将通过管理咨询项目新形成的任务准确落实到日常的工作事务当中，这是落地的关键,要形成高、中、基三层的统一战线,明确任务不仅是中高层的,同时也是基层的,并用考核指标来进行规范,让全体人员了解到本次项目改革的彻底性与全面性。

通过对成果、复盘以及任务的阐明,向客户表明本次项目所形成的不同成果文件与性质、问题/现象与成果文件的匹配度,以及重点任务的执行必要性等内容,与客户达成一致,且后续的操作落地均将围绕上述重点现象/问题与关键任务来进行,避免在实施过程中由于前后认同度不一致而造成的实施行为不认可等潜在风险。

2. 指导阶段

指导阶段是指对本次项目的重点计划、操作规范以及风险防控进行说明,旨在达到对于计划实施的可行性、关键行为/操作的规范底线以及风险防控必要性的一致认可。指导阶段要写明以下三点。

(1)计划的操作性。

此部分是明确整体落地实施计划的必要部分,同时也是向客户展示项目操作可行性的关键。管理咨询师需要写明三个重要内容:一是阶段计划,要向客户表明整体的计划要分为哪几个阶段进行,每个阶段应该有怎样的操作计划以及阶段效果,这是让客户在不同阶段支持咨询项目组的重点方法之一。改革效果是一点一点显现出来的,并不是执行完成后即刻显现的。二是任务匹配,任务匹配是为绩效考核做准备的,如果没有考核这道底线,那么任何行为都将成为无法规范的作业标准,所以不同阶段计划当中有哪些主要任务、这些主要任务应当以何种方式进行定性或定量衡量,是将计划落实到工作实际当中的关键。三是考核应用,将主要任务的衡量标准形成考核指标,将改善或优化工作融入日常工作当中,确保各层级人员对此次项目的重视。

（2）规范的底线。

此部分较为简单，即不同阶段计划或不同主要任务的工作底线。规范的底线不仅纳入考核，还是为后续风险防控作出的设计手段。因为，考核会有不同的等级标准，有时就算没有达到最高等级标准，也不能绝对说没办法保障工作顺畅进行，所以如果没有底线，仅有一般的考核指标，那么难以规范员工的基础工作行为。故而，应当通过对工作底线、行为底线以及时间底线等内容的说明，告知员工一定不能触碰的底线，也为考核指标当中的"否决指标"提供依据。

（3）风险的大小。

此部分与一级文件较为类似，但要关注由于工作底线的提出而造成的风险影响，以及对于不同风险行为结果产生的防控措施。

通过对计划、规范以及风险的指导，向客户展示本次项目的主体计划、实施与考核尺度以及风险防控的关键点，不仅向客户明确了咨询项目组在后续的实施过程中将秉持何种态度以及何种方法，还向客户展示了作为企业领导或中高层管理者，应当在实施过程中以何种思路、状态与角色来配合咨询项目组的工作，让甲乙双方能够以更为默契与满意的状态开展落地实施工作，直至项目结束。

通过对上述"一级文件""三级文件"两类文件撰写结构的解读，相信大家对管理咨询项目"解决方案"的基本搭配有了比较清晰的认知，也明确了"解决方案"绝不是零散的、拼凑的文件内容，而是成套的、成体系的、可以有序推进并作为操作依据的系统性文件内容。

5.4 项目解决方案的撰写技巧

在做管理咨询项目的过程中，管理咨询与文案写作有着极其密切的联系，有时甚至决定着管理咨询项目的成败。既然文案写作这么重要，又与管理咨询联系如此紧密，那到底要怎么写呢？怎么写才能又快又准呢？在此我们传授三类写作技巧，既帮助管理咨询师快速形成"解决方案"当中不同级别的文件成果，也帮助职场人士掌握快速写作的几个要领。

1. "KPT"撰写法

"KPT"撰写法中"K""P""T"分别代表着不同的重点引入以及语言结构，让你的报告"会说话"。"KPT"撰写结构如图5-4所示。

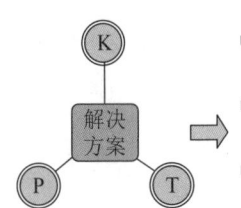

□ K（Keep）：目前正在发生的/做的……现象/事务/项目—**引入**
□ P（Problem）：会遇到的/引起的/连带的……问题—**重视**
□ T（Try）：未来要准备尝试的/实施的/执行的……方法/方案—**解决**

◆ K（Keep）：基于现象的频发或严重影响，目前……和……正在……
◆ P（Problem）：如该现象继续持续，会……或导致……
◆ T（Try）：鉴于此，……将采取……方案/方法

图5-4 "KPT"撰写结构

（1）K（Keep）。

此部分要说明目前正在做的事情，目的也很简单，即快速将读报告的人拉入你所处或希望营造的环境或场景当中，借此将你要说的问题引入。

（2）P（Problem）。

此部分要说明，基于目前所处的环境与场景，你所面对的问题有哪

些，有哪些会引起连带问题，有哪些有重大经营或安全隐患等，表明你对于问题的重视。

（3）T（Try）。

此部分要说明，鉴于目前所遇到的问题，你已经采取了哪些改进措施，准备采取哪些优化举措，方案的内容与可行性有何差异化等问题，进一步表明你已经达成的效果以及需要支持的方面，间接表明了管理咨询项目能为企业达到的以及需要企业共同完成或达到的主要效果。

2. "SKPTBO"撰写法

这是一种"KPT"撰写法的变形，它将问题、场景以及解决重要性等内容同步体现。"SKPTBO"撰写结构如图5-5所示。

□ S（Scene）：构建一个场景，但不可捏造—同频
□ K（Keep）：目前正在发生的/做的……现象/事务/项目—引入
□ P（Problem）：会遇到的/引起的/连带的……问题—重视
□ T（Try）：未来要准备尝试的/实施的/执行的……方法/方案—解决
□ B（Build）：需要建立某种体系或系统—深化
□ O（Operation）：开展什么样的运行模式—落地

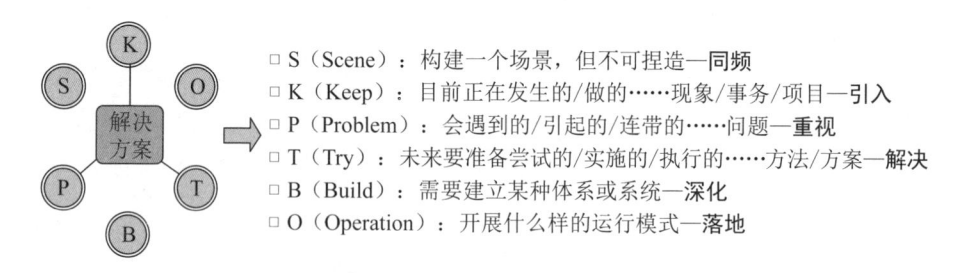

图5-5　"SKPTBO"撰写结构

（1）S（Scene）。

此部分要重点描写场景，即通过场景的描写让客户或领导感到同频，进而快速进入"阅读状态"，场景和现象是能够快速引起阅读兴趣的关键点之一。

（2）K（Keep）。

承接场景，即在该场景的影响或推进下正在做的事情，为阅读构建"阅读氛围"。

（3）P（Problem）。

承接正在做的事情，你遇到了哪些问题，以及这些问题将会引起哪些连带效应，为阅读构建"吸睛度"与"关注点"。

（4）T（Try）。

承接问题，你采取了何种解决或优化方法，为阅读构建"结果导向"。

（5）B（Build）。

承接已经解决或正在解决的问题，说明不仅解决眼下问题，你还将建立一套完整的体系来确保该类问题不再继续发生，为阅读构建"盼望感"。

（6）O（Operation）。

承接希望建立的体系，说明该体系应当如何运行，以及该体系如何与现行的企业运营体系相互结合，为阅读构建"完整性"与"运营感"。

3. "凤猪豹"撰写法

"凤猪豹"撰写结构旨在通过三种动物来形容整体文案三阶段的重点风格，即"凤头""猪肚""豹尾"（见图5-6）。

- 凤头—极致强化，彰显价值与影响
  - 视觉强化：数据、现象、场景化强调
  - 角度强化：运营角度，经营影响以及效率影响
- 猪肚—逻辑清晰，深入、丰富且可信
  - 分析得当：所有分析，不求过多，但求"准"和"对"
  - 解决思路：多说路径、行为与举措，少说理论
- 豹尾—应用与规律，有萃取、有启示
  - 举一反三：能应用的闭环体系，自己能改
  - 经验提升：伴随萃取技术，适当提炼话术与模板

图5-6 "凤猪豹"撰写结构

（1）凤（凤头）。

不言而喻，这是精致、有效且抓眼球的文章开头，如何做到呢？要做到两类强化，一是视觉强化，即通过数据、客户熟知的现象以及熟知的场景来加强客户对于文章的阅读兴趣；二是角度强化，只有站在企业运营的角度来看待和解读问题，才能最大限度和领导同频。

（2）猪（猪肚）。

可想而知，这是一个内容丰富、逻辑清晰、篇幅较多且具备可信性的部分。在撰写过程中，要注重"分析"与"解决"。"分析"求"准"不求"多"，"解决"多说路径、举措与方法，少说理论。

（3）豹（豹尾）。

顾名思义，这是一个简短、高效且有着萃取与启示的部分。在撰写过程中，要注意以经验为基础，提炼更多的可固化、可推广以及可落地的方法。

通过上述三种工具或撰写技巧的应用，能够对文案写作或报告写作有一个基本的认知，也能够掌握快速成文的写作技巧，文案撰写再也不是什么难事了。

CHAPTER 06

项目辅导与落地法

6.1 项目辅导的意义与方式

管理咨询项目的落地辅导，一直以来也是被客户诟病的问题之一。究其本质原因就在于管理咨询成果到底能不能用，或者说好不好用，其实，这个问题不光牵动着客户的心，也牵动着管理咨询师的心。因为任何一个成果的产生，都有其特定的目的或聚焦的意义。在客户眼中，管理咨询项目是否成功的一个重要验证方法，就是在通过管理咨询师的疏导或优化调整后，企业到底有哪些变化，有哪些改进，有哪些不一样，或者运营顺畅度相较于未做咨询前有何提升。既然是客户关注的问题，这个问题随着时代的变化以及时间的推移只会越发重要，那么管理咨询师就有必要将项目辅导落地的方法在此明确地进行说明与讲解，不仅如此，该技能是无论做任何咨询项目都需要掌握的，所以，通常将其列入

"通用管理技能"的范畴当中。

作为一个重要的管理咨询项目"增值项"或"裂变项",要从意义和方式两方面来进行基本解读。

1. 意义

在很多管理咨询公司或管理咨询师的眼中,项目辅导就是一个简单的答疑过程,或者是根据某种计划进行推进的会议或成果调整,甚至很多管理咨询师希望客户能少问就少问,能不问就不问,自己能简单回答就简单回答,不到必要的时候不去调整成果内容。企业是一个动态循环的整体,指着一个体系几年或十几年如一日地循环而不做调整是不可取的。

项目辅导的最终要点在于,让新调整的体系与企业原有的运营体系相融合,并且能够支持企业的顺畅运行。从这个角度出发,管理咨询项目的落地辅导应该被称为"成果试运行工作"更为贴切。据此,也就能够得出项目落地辅导的重要意义,即通过成果试运行的方式或方法,让新体系与原有体系相互融合,从而更好地支撑企业运营与经营运转。

2. 方式

说到管理咨询项目的辅导方式,有开会、答疑、"一对一"辅导、托管等。其实不管用什么方式,能够准确且有效地完成新旧体系的融合就是好方式。在此,主要介绍三种好用的且客户满意度较高的方式。管理咨询项目—辅导方式如图6-1所示。

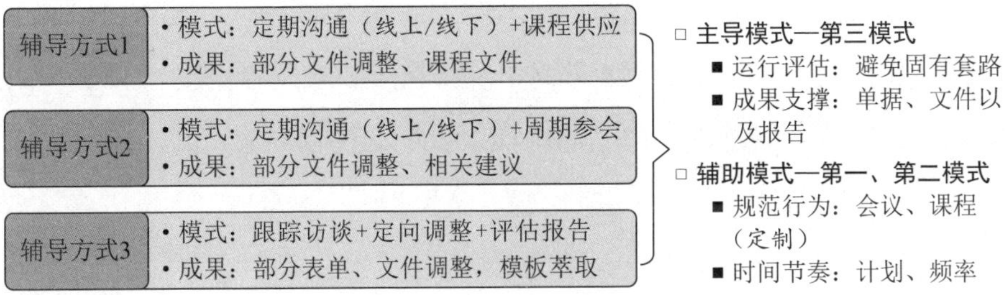

06 项目辅导与落地法

```
辅导方式1  · 模式：定期沟通（线上/线下）+课程供应
          · 成果：部分文件调整、课程文件

辅导方式2  · 模式：定期沟通（线上/线下）+周期参会
          · 成果：部分文件调整、相关建议

辅导方式3  · 模式：跟踪访谈+定向调整+评估报告
          · 成果：部分表单、文件调整，模板萃取
```

□ 主导模式—第三模式
　■ 运行评估：避免固有套路
　■ 成果支撑：单据、文件以及报告
□ 辅助模式—第一、第二模式
　■ 规范行为：会议、课程（定制）
　■ 时间节奏：计划、频率

图 6-1　管理咨询项目—辅导方式

（1）以"定期沟通（线上/线下）+课程供应"为主，再辅以咨询成果文件的调整。

此类辅导方式适用于对管理咨询与培训等方式接受度较高的客户，因为咨询成果毕竟是以管理咨询师的角度进行编制的，其与企业实际情况的贴合度多多少少会存在一些距离。而此时通过定期沟通与课程供应的方式，将员工对该体系或该问题的理解进行不断纠正，以此来拉近员工思想认知与咨询成果之间的距离。这样既避免了管理咨询师对于成果的不断修改，也能让客户更加了解管理咨询师在项目辅导过程中的可视化操作方法，进而增加满意度。

（2）以"定期沟通（线上/线下）+周期参会"为主，再辅以咨询成果文件的调整。

此类辅导方式适用于对于咨询成果的阶段实施有具体要求，并且有过程性调整需求的客户。在管理咨询项目的推进过程中，客户也不太清楚自己到底想要的是什么，对于最终成果的呈现内容与呈现方式具有"不确定性"，这就导致管理咨询师难以对目标进行明确界定，进而不好把控辅导的尺度，而单纯的上课又难以解决客户对于成果的调整要求。故而，除定期沟通之外，应当通过阶段性辅导计划书的编制来向客户表达对于成果阶段性实施的把控与信心，且通过召开阶段性成果反馈或复盘会，来安抚客户对于成果不确定的"焦虑情绪"。通过会议收集实际的试运行现象，并将这些现象作为调整成果的必要条件，不断拉近成果与企业实际管理现状之间的距离，就是此种辅导方式的核心所在。

（3）以"跟踪访谈+定向调整+评估报告"为主，再辅以咨询成果文件的调整与文件模板或经验的萃取。

此类辅导方式适用于以实际业务推进为导向、员工工作量较为饱和的客户。此类型的客户往往更加关注"伴随感"而非"仪式感"，所以高频次的培训与会议有可能会影响客户的正常工作节奏，甚至引起反感与抵触，认为管理咨询工作影响了自己的正常工作，这就"事倍功半"了。所以，我们研究如何以"伴随"的心态来帮助客户完成成果落地，且不影响客户正常工作，甚至在检验成果落地效果的时候，我们更关注缩短其判断周期、加强其记忆深度的方法，最终形成此种辅导方式。

这种辅导方式的核心在于，根据计划逐步调整并不断深入客户企业，以"跟踪访谈"作为起点，不用全员或各层级员工统一开会/培训，仅是根据目标员工的工作时间，在其工作量较小或沟通情绪较好的时候进行沟通访谈，既作为"倾听者"，也作为"收集者"。另外，以定向调整作为第二个主要工作，在通过足量的跟踪访谈之后，已经收集到了足够的管理场景与管理信息，以此作为对成果的调整内容。最后，将评估报告作为呈现手段，即通过数据对比、现象对比或员工满意度对比等方式，用简洁有效的文字来向客户展示本次管理咨询项目的意义、价值与效果。此举不需集中管理者于同一时间，只需进行报告内容的定向沟通即可，也缓解了由于时间的过度集中而引起的客户不满等风险。

上述三种辅导模式，是我们在管理咨询过程中经常使用且效果较佳的三种方式。在不断地进行项目实操当中，此三种方式之间并不冲突，甚至有交互补足的效果，所以在此也展示这三种模式的进阶版，即组合版。简单地说，就是"3+2+1"模式，以"第三模式"为主导，来带动"第一、第二模式"，让每一次的项目辅导落地都能做到有数据、有现象、有成果、有凝聚，以满足由于客户领导或管理风格不同而带来的多元化辅导需求。

6.2 项目辅导的过程与准备

明确了项目落地辅导的意义与方式后，为确保全面掌握项目落地辅导的关键方法，我们在此将辅导的过程以及应做的准备等内容也一并阐述。

1. 项目辅导过程

项目辅导的过程共有八个节点，即通过八个节点的顺序推进，帮助客户完成新旧体系的融合过渡。管理咨询项目—落地辅导步骤如图 6-2 所示。

（1）组建—联合辅导小组。

这是项目落地辅导的第一步，以高层挂帅为核心，并由客户方与咨询方共同商议，确定监督、运行以及评估等工作的界限。此部分工作的文件支撑为成果辅导/试运行计划书。

（2）跟踪—多层级反馈访谈。

这是项目落地辅导的第二步，以收集信息为核心，由咨询方充分了解成果在试运行过程当中所产生的各类现象，为成果调整积累素材与条件。此部分工作的文件支撑为访谈单汇编。

组建—联合辅导小组		跟踪—多层级反馈访谈		研讨—问题研讨会议		调整—成果润色/修改	
高层挂帅	有权力，能决策	收集信息	成果与运行情况	高层参与	了解过程，能发言	调整目的	解决运行问题
权限分配	监督、评估、运行	频率设置	1+2+1	说出思路	有方法，先准备	范围界定	主体内容，非边角
文件支撑	辅导/试运行计划	文件支撑	访谈单汇编	文件支撑	会议纪要	文件支撑	调整单、成果文件

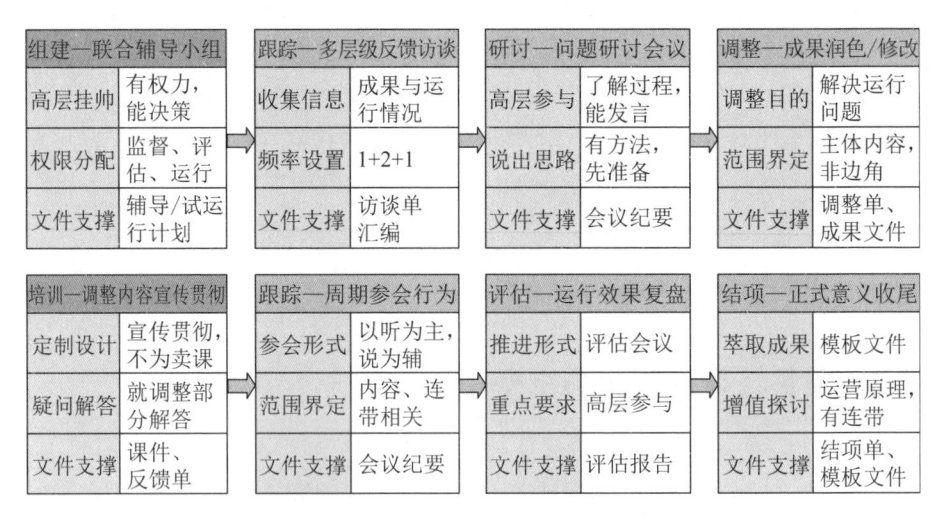

培训—调整内容宣传贯彻		跟踪—周期参会行为		评估—运行效果复盘		结项—正式意义收尾	
定制设计	宣传贯彻，不为卖课	参会形式	以听为主，说为辅	推进形式	评估会议	萃取成果	模板文件
疑问解答	就调整部分解答	范围界定	内容、连带相关	重点要求	高层参与	增值探讨	运营原理，有连带
文件支撑	课件、反馈单	文件支撑	会议纪要	文件支撑	评估报告	文件支撑	结项单、模板文件

图 6-2　管理咨询项目—落地辅导步骤

（3）研讨—问题研讨会议。

这是项目落地辅导的第三步，以高层参与、头脑风暴为核心，由客户方与咨询方共同参与，共同探讨成果的更新调整之法。此部分工作的文件支撑为会议纪要。

（4）调整—成果润色／修改。

这是项目落地辅导的第四步，以解决试运行问题为核心，由咨询方根据收集到的现象、信息与内容进行成果调整，确保成果与实际管理现状的趋近度或贴合度。此部分工作的文件支撑为×××成果文件、咨询成果调整单。

（5）培训—调整内容宣传贯彻。

这是项目落地辅导的第五步，以宣传贯彻解读为核心，由咨询方与客户方相互配合，就调整的重点内容进行答疑与解析，确保员工的充分理解。此部分工作的文件支撑为×××成果培训课件、培训结果反馈单。

（6）跟踪——周期参会行为。

这是项目落地辅导的第六步，以周期参会为核心，倾听、收集关键的管理信息与决策要点，并判断此信息与决策对成果的影响程度与范围。此部分工作的文件支撑为会议纪要。

（7）评估——运行效果复盘。

这是项目落地辅导的第七步，以评估复盘会议为核心，由客户方与咨询方共同商议并确认试运行效果。此部分工作的文件支撑为评估报告。

（8）结项——正式意义收尾。

这是项目落地辅导的第八步，以提炼模板文件为核心，由咨询方根据咨询经验、运营理念以及与客户相贴合的风格进行模板设计，将本次项目的重点工具与方法汇集成模板，以便客户能够"举一反三"，提升自身管理能力。此部分工作的文件支撑为×××模板文件、项目结项单。

2. 项目辅导准备

作为一名管理咨询师，单纯掌握项目落地辅导的步骤还不能很好地完成管理咨询工作，还需要进一步明确在复杂的辅导过程中，需要做好哪些准备才能够帮助自己渡过困难节点。管理咨询项目—落地辅导的重点准备如图6-3所示。

（1）高层的沟通与文件的准备。

在此特指第一步当中的沟通与文件准备。管理咨询项目的成果要想落地，仅靠管理咨询师是不够的，必须有企业高层领导的加持，在此需要提前准备工作行为与权限界定表单，让企业高层快速了解辅导工作的重点行为与意义，且提前准备好项目辅导/试运行计划书，让企业领导了解项目辅导的尺度与样板对象是获得高层支持的关键。

组建—联合辅导小组	
高层挂帅	有权力，能决策
权限分配	监督、评估、运行
文件支撑	辅导/试运行计划

□ 高层沟通：
界定权限与工作行为
□ 文件准备：
辅导/试运行计划

⇒ 北京×××科技有限公司流程运行规则说明书
一、基本情况
二、基本原则
三、运行规则
……

跟踪—多层级反馈访谈	
收集信息	成果与运行情况
频率设置	1+2+1
文件支撑	访谈单汇编

□ 部门领导：频率及汇报
□ 文件准备：访谈单汇编

⇒ 《咨询访谈单》
（×××汇编版）
二〇二一年九月
目录
……

评估—运行效果复盘	
推进形式	评估会议
重点要求	高层参与
文件支撑	评估报告

□ 会议沟通：
对接部门、领导等
□ 会议筹备：
参会对象、程序、时长
□ 文件准备：
评估报告

⇒ ×××区人民政府关于国际经济和社会发展第十四个五年规划纲要评估报告
……

图 6-3　管理咨询项目—落地辅导的重点准备

（2）沟通汇报的频率与访谈。

管理咨询项目组只是一个具有一定临时意义与特定工作目标的工作团队，任何辅导与咨询工作都不能影响客户的正常工作与业务运转，如此一来，频率的把握就显得尤为重要了。在此，我们给出相对来说较为标准的频率节奏，即"1+2+1"节奏，此数字并非月度的沟通次数，而是以八个节点为主要依托所形成的沟通频率，即在第二步骤沟通一轮（不是一次，而是一轮，主要由于需要访谈的对象可能相对较多），第四步骤沟通两轮（用于对成果文件的反复确认），第七步骤沟通一轮（便于咨询成果与效果的一致认知）。通过有节奏的沟通，让客户感受到专业度与对其业务的关心度。

（3）会议沟通、筹备与文件的准备。

一次管理咨询项目的成果或效果能否被认可，不仅有赖于专业能力的支撑，还有赖于过程筹备的耐心与文件的准备。管理咨询师应当提前编制会议顺序，与企业领导充分沟通且萃取完成评估报告以及会议纪要等文件的模板内容，在整体讨论与确认结果后，能够快速出具准确无误的文件。很多时候，文件出具的速度以及准确度，往往反映着一名管理咨询师对于客户问题以及现状的提炼与判断能力。

6.3 项目辅导的技巧与文件

我们在本章的最后阐述一下项目落地辅导的技巧与文件，确保学习者能够全面掌握项目落地辅导这一"通用技能"。

1. 备忘录

这是一种简单、有效且客户易接受的提醒方式。区别于其他文件，备忘录虽然简单，但需要有针对性与节奏性地发送。一次管理咨询项目当中，备忘录的发送次数不建议超过五次。所以，一定要在成果交付、重要会议以及辅导重要阶段的时候，以备忘录的形式进行通知，以彰显重视、权威与专业。

一份成熟的备忘录要写明咨询项目、咨询现状，写明目前正处于哪个辅导步骤以及还有哪些待解决的问题等内容，简明扼要地向客户表达该阶段所需要的支持与工作重点。备忘录表单如表 6-1 所示。

表 6-1　备忘录表单

备忘录		抄送	拷贝	紧急程度
咨询项目	×××项目			
咨询现状	×××推进/×××问题/……			
辅导步骤	第×××步			
待解决	×××问题			
撰写人	×××			
备注				

2. "三心二易"辅导法

顾名思义,就是三种心态与两种"容易",通过心态的调节与不同层级达到高度同频,帮助客户快速了解项目落地的意义与价值。

(1)运营心。

此种心态作为与高层沟通时的必备心态。咨询的核心不仅在于解决问题,还在于解决问题之后确保企业的运营顺畅。

(2)同理心。

此种心态作为与中层沟通时的必备心态。因为新旧体系的融合更多在于中层的"承上启下",所以同理感知中层工作的不易是关键。

(3)关怀心。

此种心态作为与基层沟通时的必备心态。作为一名管理咨询师,当一个"倾听者"未尝不可。

(4)行为易。

在此特指辅导行为应当简明易懂。一份好的管理咨询方案不是让客户越看越糊涂,而是让客户明晰行为的重要性以及工作的价值感。

（5）理解易。

在此特指体系与体系之间的融合要容易理解，能够快速通过有效行为将体系之间的断档进行弥补与衔接。

管理咨询师的"通用技能与工具"是一名管理咨询师必须掌握的咨询技能。可仅凭借这些技能还不能称为一名合格的管理咨询师，管理咨询师应当是一名"全科医生"。因此在本书的"第三部分"当中，将详解管理咨询师的"专项技能与工具"，并从不同角度解决企业运营过程中可能存在的不同现象或问题。

第三部分

管理咨询师专项技能与工具

PART 03

CHAPTER 07

企业战略规划设计

7.1 战略规划的必要性与意义

"战略规划"作为"企业运营原理"的第一个模块,是众多管理咨询师与企业家都绕不过去的事情。到底怎么做才能将战略规划有效落地,且让企业真正能够用到实处呢?

1. 战略规划的必要性

管理咨询师先要明确其必要性,换句话说,就是为什么一定要做战略规划?为什么战略并不是一个务"虚"的东西?以下是我们在管理咨询过程中经常会听到的两种声音。

(1)战略规划不好做,写了一堆报告,不知道到底是干什么用的。

这是第一种声音,很多企业家说战略咨询做着做着就变成了写报告，管理咨询公司只重"其表"，不重"其里"，每一份报告都是一堆数据与分析，可是战略还是无法形成闭环，他们需要的是战略实施路径与落地措施。

（2）战略规划不落地，写得还行，但就是不会执行。

这是第二种声音，仿佛战略规划是一个"面子"工程，写得好看、写得宏伟、写得大气就行了，至于客户愿不愿意执行，没人在乎。

上述这两种"声音"，是企业家在寻找战略管理咨询时的担忧，也是很多管理咨询公司或管理咨询师做不好战略规划的原因之一，那战略规划到底是什么呢？

2. 战略规划的意义

脱离那些看似专业但却缺乏实际意义的描述，来看看什么是真正的战略规划。战略规划是一次选择的过程，是一次"进入"与"退出"的勇气与抉择。管理咨询师在给企业做战略规划时，分析的内容、整理的数据以及对行业趋势的判断等方面分析的内容越丰富、数据越准确，对未来的趋势判断越明朗，实施计划越具有可操作性，管理咨询师的筹码就越多，"押中"的概率也就越大，反之则越小。那到底"押"的是什么呢？是"进入"的领域和"退出"的领域。"进入"与"退出"领域的关注要点如图7-1所示。

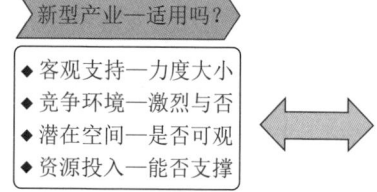

新型产业—适用吗？	既有产业—继续吗？	
◆ 客观支持—力度大小 ◆ 竞争环境—激烈与否 ◆ 潜在空间—是否可观 ◆ 资源投入—能否支撑	◆ 发展环境—影响大小 ◆ 发展阶段—局限在哪 ◆ 增长空间—余地多少 ◆ 前沿技术—掌握几成	战略规划，是一次选择的过程，你所有的工作，都是在为选择提供"依据"

图7-1 "进入"与"退出"领域的关注要点

（1）"进入"的领域。

即企业是否应该进入一个新型产业领域。随着市场的不断变化，企业原有的支柱型产业很有可能已经不再具备竞争力或持续盈利的能力，企业需要作出变革与改变，而首要任务就是寻找新的盈利点或利润增长点，即"新型产业"。这个"新型"并不一定，是市场上没有的，或者前沿的，而是指相较于企业以往的产业而言是新型的，是其之前从未或较少涉足的领域，这也是大多数企业做战略规划的原因之一。对于此类的战略规划或设计，应当注重以下四点。

①客观支持。

即政策导向、市场行情等客观因素的影响程度。当企业想要寻找新的增长点，或者看好一个领域想要"进入"的时候，做好客观的条件分析是必要手段，这也是为什么做战略规划咨询时，一定要进行行业研究与分析的原因。

②竞争环境。

即该产业或该业务领域目前的竞争情况如何？有哪些头部企业？有哪些是可以合作的伙伴？而自己又处于哪个层次？清晰地知道自身位置，是合理设定战略目标的基本前提。

③潜在空间。

即该产业或该业务领域的未来增长空间。企业在做行业分析的时候，要考虑该产业或该业务领域近五年或近十年的增长曲线，以及未来持续增长的潜在条件是否充足等因素，如果竭尽全力"进入"的领域已经触到"天花板"了，那么说明该行业已到瓶颈。

④资源投入。

即"进入"该产业或该业务领域所需要消耗的资金、设备、人员、精力以及关系或人脉等。制定任何战略规划，都要先清楚自身的状况，若没有经过自身资源的全面盘整，仅通过粗略测算就盲目"进入"，绝对不是一个明智的选择。

（2）"退出"的领域。

即企业是否应该完全退出既有产业。在企业想着创新、想着进军新型产业的时候，也需要思考是否应该退出既有产业？完全退出，还是部分退出？这就是所谓的"抉择"以及"权衡"，做战略规划的核心也在于此。有舍有得，但关键是"舍"要有决心、够果断；"得"要有把握、有方法。对于此类的战略规划或设计，有四点需要注意。

①发展环境。

发展环境指既有产业的发展因素以及环境影响程度。企业在做战略规划的时候，需要考虑该业务领域存在哪些环境制约与因素影响，从而综合判断"退出"的时机、程度以及速度。

②发展阶段。

发展阶段指既有产业的发展进程，无论是政策导向期、红利期、竞争期还是衰退期，明确不同发展阶段下的"退出"节奏，对于战略规划尤为重要。

③增长空间。

增长空间指既有产业未来还有多少增值空间，既有产业的"天花板"在哪里，企业还有没有必要持续待在这个产业里面。

④前沿技术。

前沿技术指既有产业目前以及未来可能面临的技术迭代。企业需要全面衡量自身的状况是否可以搭上"改革的列车"，能否承受技术变革带来的影响，否则"车"还没到站，企业自己先"下车"了。

综上所述，战略规划是一套完整、系统、科学、有效的行动方案。这份方案能够为企业的选择增加砝码，为"进入"和"退出"提供依据，所以其中不仅要有分析，更要有能够指导企业开展、推进与实施战略的行动步骤与工作方法。同时，战略规划也是一份"答案"，它是企业领导对于未来迷茫和想法的判断，以及对于未来的取舍。

7.2 企业战略规划咨询的步骤

战略规划咨询步骤，简单理解就是在做管理咨询或推进管理咨询项目的时候，需要遵循的前后步骤以及工作顺序，是影响管理咨询价值与项目成败的关键之一，因为完整、有效以及有逻辑的步骤是保障咨询项目成功的基本前提。

企业战略规划咨询项目的推进要分以下六步走。企业战略规划咨询项目实施步骤如图7-2所示。

- ◆ **第一步：行业研究与掌握**
- ◆ 明确客户企业所处情况和期望行业的发展趋势、政策导向及竞争情况等因素

- ◆ **第二步：战略资源梳理**
- ◆ 明确自身资源、管理、人才的水平或水准，以及能够发挥的空间或余地

- ◆ **第三步：建标与分析**
- ◆ 基于自身资源梳理情况，分别衡量"退出"领域或"进入"领域的可行性

- ◆ **第四步：战略设计与规划**
- ◆ 明确战略目标、设计战略阶段、规划战略路径，设置战略任务与风控等内容

- ◆ **第五步：运营调控与计划**
- ◆ 整理资源内容，衡量投入产出比，改进关键业务流程，形成战略规划报告

- ◆ **第六步：战略复盘与调整**
- ◆ 定期追溯战略进度与任务完成情况，召开战略回顾与调整例会，及时纠偏

图 7-2 企业战略规划咨询项目实施步骤

1. 行业研究与掌握

行业研究与掌握是做战略规划的前提，其实也是做所有咨询工作的前提，如果不了解客户所处的行业现状以及未来发展趋势，那么管理咨

询师自然也无法取信于客户。所以，明确客户所处行业以及"待进入"行业的基本情况，掌握政策导向以及竞争状态等基本信息，是该步骤的关键以及成果所在。

2. 战略资源梳理

战略资源梳理是一个必备的、却不受重视甚至经常被忽视的步骤。战略资源梳理是一个明确"我有什么"的过程，只有知道了"我有什么"，才能衡量其与"我要什么"之间的距离。大部分战略规划之所以不成功，往往都是因为战略目标设定过高，想要的太多，可自己又不具备将其实现的资源和能力，做着做着就"折戟沉沙"了。

3. 建标与分析

建标与分析是确定战略目标的关键，即在明确自己的"家底"之后，管理咨询师才能对目标进行精准定位，也正是基于自身资源梳理的结果，才能明确无论是"进入"新型产业，还是"退出"既有产业等，分别需要多少成本，在能够控制住成本的前提下进行规划与权衡，才是管理咨询师分析的必要性。

4. 战略设计与规划

明确了"我有什么"以及"我要什么"之后，就要看看需要做什么努力，干哪些工作，才能用"我有的"来实现"我要的"。这个步骤是战略路径设计的根本，而战略路径、战略任务以及风险防控是这个步骤的主要成果。

5. 运营调控与计划

在精准设定战略目标、明确战略路径与战略任务之后，管理咨询师需要确定行动计划以及推动战略规划所需要的其他体系支持。所以，这个步骤是将战略规划报告里撰写的内容落于实际的重要一步，关键在于任务分配、权责确定、纳入考核以及列举条件清单等内容。只有让战略任务融入每一个部门、每一个岗位的重点工作当中，才能将战略真正落地，需要营销、流程、组织、人力资源以及企业文化等体系的全面支持。这也正指向了企业是一个整体，是一个完整的运营系统。战略一旦发生变化，业务领域一旦发生改变，其他体系一定要伴随调整。如果仅是将战略规划报告写完，就谈不上战略落地。

6. 战略复盘与调整

一个好的战略落地一定要有战略回溯。如果只做战略，却不复盘战略，那么最终结果就是有战略却一切照旧，战略好看却显得没用。

通过上述内容与图示可以看出，战略规划咨询是一次由"宏观"到"微观"、由"远"及"近"的闭环过程，绝不仅仅是一份报告而已。

7.3 企业战略规划咨询工具

战略规划的咨询工具琳琅满目，SWOT、波士顿矩阵、战略钟等工具层出不穷，管理咨询师在管理咨询过程中不能为了"用工具"而"用工具"，而是应该结合客户实际情况以及可接受的程度来选择与应用。记得有一次，我们给一家民营企业做咨询，老板虽学历不高，但却有着过人的决断力、眼光与格局。他不理解我们常用的咨询工具，也听不懂，只说了一句话："你们说的这些模型、工具什么的，我不懂，这些东西是好，但我们用不上，创业至今也不会什么大道理或理论，就是摸着石头过河，但企业也还活得不错，所以我们需要你们结合企业的情况来做，不要再用这些模型与工具了！"最终，我们没有用任何一个大家常见或耳熟能详的模型，反而研发出了一套新的工具。正是通过这个项目的实施，我们体会到战略规划咨询的关键还是在于解决问题，而并不是所使用的工具或模型多么"高端、大气、上档次"。

以下要介绍的工具，有一部分是我们研发的，有一部分是已有的，但均是经过实操得来的能用、好用且客户满意度高的工具。

1. "行业研究报告"撰写工具

一名管理咨询师不仅要成为专业高手，更应该是学习高手，因为任何一名管理咨询师都无法保证亲身经历或做过每一个行业、每一个行当，可咨询又需要对客户所处的行业、领域有充分认知才能有效同频。所以，快速学习、了解并掌握客户所处行业以及"待进入"行业的基本情况、发展趋势与机遇挑战，既是战略规划咨询的必备步骤，也是对客户高度负责任的体现。如何撰写行业研究报告，才能既让自己快速掌握行业知识，又让客户明确发展机遇呢？这里就需要用到"行业研究报告"撰写工具，如表7-1所示。

此工具的特点在于明确了"行业研究报告"的撰写框架与撰写逻辑，帮助管理咨询师或企业中高层快速成文，且具有明确指向性。

表 7-1 "行业研究报告"撰写工具

撰写维度	撰写意义	基本内容 1	基本内容 2	基本内容 3
宏观背景与行业概况	初步认识	发展历程	上下游产业	国家与区域
市场状况与需求	深入了解	1. 市场规模 2. 竞争格局	1. 业务类型 2. 渠道模式	1. 细分市场 2. 差异化消费者与需求
成功要素与标杆企业	寻找特点	经营与战略	产品与品牌	技术、渠道、人才与资金等
策略与建议	综述提炼	1. 行业机会 2. 区域选择	1. 产品倾向 2. 品牌建设	1. 运营体系 2. 成本管控 3. 风险防控

（1）宏观背景与行业概况。

此章节的撰写意义在于让客户初识行业，且在撰写过程中要着重写出三点：一是发展历程，从发展历程看行业兴衰。二是上下游产业，明确行业所处的产业链位置，为战略措施的确定打好基础，如建立产业链管理体系，形成"上中下游"的联动模式等思路。同时让客户明确未来应当建立战略合作的伙伴，以及客户的画像。三是国家与区域划分，明确此类业务在哪些国家或区域的发展潜力较大，战略布局应当如何确定，海外业务的发展机会有多少等。以上这些无疑是企业关心的内容。

（2）市场状况与需求。

此章节的意义在于对行业的深入了解，同时明确客户现状与行业标准之间的建标、对标情况，在撰写过程中要着重写明三点：一是市场规模与竞争格局，以此来判断"进入"或"退出"的前置条件。二是业务类型与渠道模式，以此来判断客户现有的业务类型与渠道管理方式是否应当作出调整，为设计战略路径与明确任务打好基础。三是细分市场以及消费者画像、需求，明确客户在哪里，哪些客户是高价值或高潜力客户,哪些客户又是"观望"客户或"退出"客户。

(3)成功要素与标杆企业。

在长期的管理咨询过程中,我们发现虽然不同企业的业务领域不同,客户画像不同,管理者风格也不同,但成功的底层逻辑却是惊人地相似。所以此章节需要写明该行业的成功必备要素和标杆企业的特点等,其中有三点需要着重表达:一是经营与战略,即成功或标杆企业的战略模式,因为涉及企业机密,很难完全调研得到,所以在此仅明确大体战略模式,如保守战略、开拓战略等。二是产品与品牌。即使在同一赛道上,细分产品也有区别,了解标杆企业现有产品情况以及在不同区域的品牌影响力,有利于确认战略区域与不同阶段的重点任务。三是技术、渠道、人才与资金等。对于技术、渠道以及人才等的管理理念也是做好战略规划的关键。

(4)策略与建议。

此章节的目的在于,通过分析得出可行性建议,为战略规划奠定基础,所以需要在有效的调研与对标分析之后给出一定的可行建议,其中要写明三点:一是行业细分赛道的选择与区域布局的建议,因为之前对该行业的繁荣区域以及不同标杆企业的重点区域作了基础了解,所以在此应当有提炼与综述。二是未来产品的发展倾向与品牌的建议,为后续战略任务作好铺垫。三是运营、成本以及风控的建议,为后续战略任务的设置打好基础。

用有效的框架结构与逻辑,对目标行业进行分析且让客户快速了解到自己的位置与未来的基本方向,既是管理咨询师的能力,又是撰写行业研究报告的重要意义。

此外,数据来源非常重要。管理咨询师做调研、做分析,不应仅局限于常用的搜索渠道,而应当从更多专项网站上获取信息,既确保多样化，又能相互印证，从而剔除不准确的信息。我们列举一些常用的搜索媒介，如国家统计局官网、Wind 数据任务、中国政策网、Choice 数据、维普数据库以及万方数据等，均是比较好用的政策与数据获取途径。

2. "战略资源梳理"工具

在看"家底"的时候，很多客户反映总感觉自己有的是资源，但一经梳理才发现，能用的好像并不多。所以，梳理自身战略资源、合理确定战略目标并量力而行，是战略资源梳理的重要意义，也是此工具的意义所在。"战略资源梳理"工具如表 7-2 所示。

表 7-2 "战略资源梳理"工具

梳理维度	业务/项目1	业务/项目2	业务/项目3	……
盈利方式				
品牌建设				
市场渠道				
技术管理				
体系管理				
人才保障				
资金保障				

此工具的关键点在于，为梳理杂乱无章的资源提供梳理脉络与梳理逻辑，且划分重点内容，并明确企业现有各业务条线的"家底"。

（1）盈利方式。

不同业务线的盈利重点以及闭环的盈利方式，梳理之后能真正看清自己的企业有多少优势或特点。

(2)品牌建设。

不同业务线的品牌影响力有多大？哪些可以在未来基础建设？哪些应当有所舍弃？

(3)市场渠道。

不同业务线的渠道现状，如果要进行业务合并或删减，哪些渠道该保留？哪些渠道该舍弃？哪些渠道仍有潜力可挖？

(4)技术管理。

不同业务线的技术现状与技术优势如何？到底自己最具竞争力的技术特点在哪里？不梳理，有时不但老板自己说不清楚，技术或产品负责人也说不清楚。

(5)体系管理。

不同业务线的管理体系有效性有多高？如果要调整，应该增加节点，还是删减节点？

(6)人才保障。

不同业务线的人才充裕度是否足够？哪里应该增加人才？哪里应该人员分流？这一切操作都要基于现状进行调整。

(7)资金保障。

哪些业务线还有盈利的潜力？哪些业务线的资金运转有困难？战略规划需要对不同业务领域的情况有所整合，到底哪条业务线的资金实力雄厚，哪条业务线的资金有待填补？

上述工具从七个维度来全面衡量企业的业务线、产品、技术与管理等内容的基本现状，虽然没有穷尽所有维度，但从使用角度来说，这七个维度基本够用了。

3. "4W1H" 报告撰写工具

战略规划报告既是一份行动方案,也是一份"答卷",要回答领导的问题。本工具从该角度出发,可以快速撰写一份能回答问题且具备行动指向性的报告文件,增加客户满意度与交付成功率。战略规划报告撰写结构如图 7-3 所示。

1.What?	你有什么	你要什么	战略目标
2.Who?	和谁竞争	建标对标	核心竞争力
3.Where?	在哪里竞争	区域甄选	区域布局
4.When?	何时竞争	主要节点	战略阶段
5.How?	怎样竞争	行动关键	战略与保障措施

图 7-3 战略规划报告撰写结构

此工具的关键点在于,为战略规划报告搭建撰写框架,且明确每一章节或每一部分的主要着墨点,避免形成冗长无效的规划报告。

(1) W (What)。

此部分应书写资源整合后的结果,并以其为基础来确定战略目标。战略目标不是凭空想出来或定出来的,而是着眼于现状思考与提升出来的,这样得出的战略目标才是切实可行的。

(2) W (Who)。

此部分应书写达到目标所应具备的核心竞争力,要点是核心竞争力是通过建标、对标比较分析而得来的。

(3) W (Where)。

明确了战略目标以及应当具备的核心竞争力之后,管理咨询师需要对区域做有效划分。根据目标设定,以及核心竞争力在不同区域的强弱体现,有效划分与界定战略区域,是重点投入资金、人力及物力的必备判断条件。这也是为什么要在行业研究报告中写明"策略与建议"的原因。

（4）W（When）。

在明确目标、核心竞争力以及区域之后，就要有基本的时间界定，即在不同阶段应有不同任务与不同目标，最终形成对总目标的支撑。

（5）H（How）。

此部分是体现行动指向的关键。在此要写明战略路径、操作步骤以及在实施过程中的风险防控措施，这是让规划报告能落地的关键章节。

上述工具的这五个部分是企业领导最关心、最想看到也最为重视的。本工具正是通过这五个部分的逻辑结构与书写重点，来帮助管理咨询师或企业中高层管理者实现战略规划报告的快速成文，不再为繁杂冗长的报告文件而发愁。

4. "战略规划"编制工具

对于战略规划来说，仅有阶段划分还是不够的。所以，将战略阶段进行有效划分，将战略任务融入每个阶段当中，让员工在工作过程中能看到战略的"存在"，是全员认同战略、指向战略的根本方法。"战略规划"编制工具如表7-3所示。

此工具的关键点在于，将战略规划报告中所设置的重点任务、主要阶段，以实施计划的形式进行细分与列举，并将完成的时间与推进的进度明确在不同季度与不同月度，是各部门、各岗位均应具备的重点文件。

管理咨询师在编制过程中要注意三个要点：一是年度战略任务不可过多，因为一份战略规划短则三年，长则五年，甚至还有十年的，所以年度战略任务也要根据企业实际情况进行甄选与细分。二是以季度作为整体周期来衡量不同任务的完成情况，并为每一个年度战略任务设置季度考核指标，提高员工重视程度。三是应当有部门与关键岗位支撑，即将此作为部门价值与岗位工作结果的重点评价对象，全员向战略。

表 7-3 "战略规划"编制工具

任务细分 \ 战略任务		年度战略任务1	年度战略任务2	年度战略任务3	年度战略任务4
一季度总体任务	1月				
	2月				
	3月				
一季度综述					
二季度总体任务	4月				
	5月				
	6月				
二季度综述					
三季度总体任务	7月				
	8月				
	9月				
三季度综述					
四季度总体任务	10月				
	11月				
	12月				
四季度综述					
年度综述					
责任人/部门：					

通过上述工具，战略规划报告实现了从"务虚"到"务实"的年度工作计划与考核安排的有效过渡。至此，战略规划与落地只完成了60%左右，需要另外两个重点工具来保障战略完全落地。

5. 战略条件清单

战略规划最终只有落实到"干"与"做",才能说是有效的"战略"。可是每当推进战略规划的时候,企业总能听到诸如"这个事情我干不了啊,条件不够!""这个工作我部门人手不够,很难落实!""其他计划都干不完,这个计划领导重视吗?重视的话,我就干这个!"……所以,企业需要能够倒逼员工执行战略并且将风险前置的工具。战略条件清单如表 7-4 所示。

表 7-4 战略条件清单

条件清单	年度战略任务 1	年度战略任务 2	年度战略任务 3	……
决策条件				
资金条件				
权限条件				
资源条件				
人员素质				
流程协作				
快速审批				
提出人 / 部门:		承诺人 / 部门:		时间:

此工具的关键点在于,将执行战略所需要的条件写成清单,并由战略任务承接部门自主填写,由领导审核。通过此工具的使用,既能了解到该部门或员工对于战略理解的准确性或所需条件的可行性,也能避免由于未进行前置说明或沟通而引起推诿、扯皮。

(1) 决策条件。

即执行战略任务过程中,需要哪些决策权,哪些是现在已经具备的,哪些是需要上级领导授权的,不要再以"我决策不了,定不了这个事儿"为由,推托战略。

（2）资金条件。

即执行战略任务过程中，以执行资金或基本费用的多少来考量部门或员工对于战略、成本等内容的理解程度，不要以"企业没给我那么多执行资金，推动不下去"为由，推托战略。

（3）权限条件。

即执行战略任务过程中，除决策权之外还需要管理权限，包括调动权、监督权、运营权等，不要再以"我没有权限，找领导说吧"为由，推托战略。

（4）资源条件。

即执行战略任务过程中，完成任务所需要的资源支持。有哪些是自身能够找到或搞定的，有哪些是需要领导出面协调的，把要求说在前面，不要再以"我又不认识那么多人，这个事儿办不了"为由，推托战略。

（5）人员素质。

即执行战略任务过程中，需要优秀人才来完成任务。哪些是现有部门或管辖范围内有的，哪些是现有部门或管辖范围内没有的、需要尽快招聘或引进的，不要再以"我人手不够啊，忙不过来"为由，推托战略。

（6）流程协作。

即执行战略任务过程中，需要具体流程进行协作。有哪些是现行流程可以满足的，有哪些是现行流程不具备的、需要进行流程再造或优化的，这也是基于战略的管理体系连带调整，不要再以"企业流程太繁杂，太耗时间"为由，推托战略。

（7）快速审批。

即执行战略任务过程中，一些事情或任务需要快速审批。哪些领导知道,哪些领导不知道的。需要提前知会,要让领导有心理准备,不要再以"领导不批,我也没辙,等等再看吧"为由,推脱战略。

通过上述工具可以完成对战略条件的选择与确认,极大程度上避免了执行过程中的相互掣肘。那么,如何将这些条件逐一落实呢?这就要通过下一个工具来实现。

6. 战略审核清单

当完成了对战略条件的确认之后,还需要对各战略任务承接部门的绩效考核内容进行调整,即从原有的日常事务等习惯事宜调整为"战略事务"与"日常事务"的结合,让员工体会到战略的重要性与领导的重视度。战略审核清单如表7-5所示。

表7-5 战略审核清单

审核内容	年度战略任务1	年度战略任务2	年度战略任务3	……
目标结果				
经营收益				
成本损耗				
协调沟通				
人员培养				
执行纰漏				
滚动计划				
奖惩办法:				
绩效指标调整办法:				
责任人/部门:		审核人/部门:		时间:

此工具的关键点在于，全面考量不同战略任务的执行程度与影响因素，有条件、有执行，自然就有审核，坚决贯彻是必备要求。

（1）目标结果。

指该战略任务所要达到的状态是否完成？达成了多少？还有多少未达成？有什么方法继续完善？以此来界定完成情况。

（2）经营收益。

指该战略任务在执行周期内，是否有收益形成？有多少收益？与执行之前的期待相比，是否有差距？收益是否合理？以此来界定价值影响。

（3）成本损耗。

指该战略任务在执行周期内，消耗了多少成本？是否超过标准值？成本与收益是否相互关联？以此来界定成本管控标准。

（4）协调沟通。

指该战略任务在执行周期内，动用了多少部门或人员？与之前的战略计划是否一致？人力及物力投入是否合理？以此来界定协作能力。

（5）人员培养。

指该战略任务在执行周期内，培养了多少后备人才？是否合理？以及该人才的保留概率有多大？以此来界定管理与培育能力。

（6）执行纰漏。

指该战略任务在执行周期内，有哪些应当改进的地方？有哪些执行不当的问题？以此来界定下一循环中战略条件给予的程度。

（7）滚动计划。

指该战略任务在执行周期内，哪些可以形成持续循环的动态计划，或者可以借鉴的、好的工作方式方法？以此来界定战略纠偏或调整的程度。

通过上述工具可以完成将战略条件落实于绩效考核的过程，也通过对于绩效指标与衡量标准的改善完成了对绩效体系的部分调整，这就是管理咨询师常说的基于"企业运营原理"的联动调整，且以此调整出的绩效指标比"闭门造车"要有更好的适用度。

基于以上六个工具的顺序运用，才能说完成了行业研究、资源梳理、报告编制、计划编制以及条件考核等战略规划必备的工作内容，从而实现了以"战略规划"到"战略落地"的过程。

CHAPTER 08

企业品牌与 slogan 设计

8.1 品牌与 slogan 的本质

在管理咨询过程中,经常能听到"这有什么可咨询的?""买的人多了,不就形成品牌了吗?""我们企业这么大,盈利这么多,品牌还不够大吗?影响力还不够广吗""光有品牌,质量不好也不行啊""slogan 不就是广告语吗?头脑风暴不就行了""现在比较流行的广告语,改改就行了,主要还是销售团队得给力"之类的话语。但做完咨询之后,所有人都无一例外地改变了想法。要理解品牌以及 slogan(广告语)的本质究竟是什么,企业要先摆正两个思路。

1. 管理不能"多线共谈"

"光有品牌,质量不好也不行啊"这句话听起来很有道理,但实际上已经把"品牌"和"质量"这两个概念混为一谈了,虽然说企业运营是一个整体,应该整体看待问题,但看待问题之前,底层逻辑要对。这两个概念之间还需要其他一些连带因素的连接,才能放在一起讨论。所以,这句话貌似有理,实则是概念模糊,刻意将品牌的存在度降低了。

2. 品牌不是规模

很多企业老板,包括很多管理咨询师都会这样认为,只要这个企业经营规模大、人员多、产品多、客户多、厂房多、设备多、原料多等,那么企业的品牌影响力就大、就好。品牌影响力大确实和上述几个因素有一定关系,但这些绝不是品牌,而是客观的竞争优势与实力,更不是在营销过程中需要去建设与管理的品牌体系。

那到底什么是品牌呢?品牌是抓人心智的熟识度。

为什么这么说呢?举个例子,比如沃尔沃汽车,很少有其他汽车会完全以"安全"这个词语来做推广,而沃尔沃已经将"安全"这一理念植入消费者的心目当中,"安全"就是沃尔沃的代名词,这就叫作熟识度。"熟识度"可以理解成一种"应激反应",一种"一……就……"的习惯性动作。正是这些习惯性动作构成了"购买行为",而当被这种熟识度占据的人或企业越多时,企业的品牌才越大,因为品牌已经占据了对方的心智,至少在企业所擅长的领域或产品内容上,品牌就是客户"唯一"或"不二"的选择,这才是品牌的真正意义。

品牌的意义说完了,那 slogan 到底是什么呢?其实,slogan 就是要做到"让别人看一眼就能记住你"的功效,通过 slogan 来塑造你的差异化,打造你的标签,用客户能看懂/听懂的方式向客户传达你的优势,这才是 slogan 的核心意义与真正用途。

我们曾经做过调研，老板到底是怎么看待 slogan 的？得到以下答案。

"说不清楚哪里好，就觉得读起来很顺口！"

"挺简单的，不知不觉就记住了！"

"说得很直白，一眼就能看明白！"

"不难记，而且能让别人去买！"

"……"

之后，我们又接着问，"那您觉得您的员工能写出来吗？"得到以下回答。

"估计够呛，他们思路太保守！"

"应该不难吧，我也没让他们写过！"

"写不出来，我试过，他们说不到点儿上！"

"写不了，模仿行，但创造力不行！"

"……"

如此精简、如此好记、如此明确的 slogan，背后存在着底层的撰写与设计逻辑，是通过有效的工具设计出来的。

8.2 企业品牌与 slogan 咨询的步骤

以下将"品牌与 slogan 规划咨询"的步骤进行明确，以此来更好地推进相关的管理咨询项目。

品牌与 slogan 规划咨询要分以下六步走。品牌与 slogan 咨询项目实施步骤如图 8-1 所示。

第一步：细分市场类型	第二步：细分市场评估	第三步：需求调研与分析
◆ 明确产品所对应的细分市场，即目标客户群体的基本要素与认知特征	◆ 分维度评估多个细分市场在操作与实施方面的可行性，甄选并聚焦	◆ 结合细分市场评估结果，对目标客户的需求进行进一步分析，以此作为基准
第四步：slogan设计	第五步：定价与渠道管理	第六步：体系与资源支撑
◆ 针对产品自身特性与客户需求特征，运用象限与逻辑结构，组合设计slogan	◆ 运用多维定价策略与渠道整合思路，实现吸引力的全方位提升	◆ 结合分析结果、策划思路等内容，梳理体系文件，导入体系管理与资源支持

图 8-1　品牌与 slogan 咨询项目实施步骤

1. 细分市场类型

品牌类咨询需要明确自身产品所对应的细分市场，那什么是细分市场呢？就是潜在客户的基本要素与认知特征等内容，我们将在后面的工具介绍当中进行详细解读。

2. 细分市场评估

细分市场评估指通过不同维度对各类细分市场的操作与实施难易程度进行评估。此评估行为是正式营销或销售行为的必备过程，即通过评估结果对所投入的人力、物力以及财力等内容进行聚焦，精准发力，提高工作成功率。

3. 需求调研与分析

需求调研与分析指在完成细分市场评估之后，要对目标客户或潜在客户的需求进行收集与分析，此举既为即将推出或推广的产品的需求匹配度提供了依据，避免无效销售，也为需要进行更新与迭代的产品提供市场方向与研发路径。

4. slogan 设计

slogan 设计指通过精简、有效以及易懂的话语，快速占领目标客户以及潜在客户的心智，从而大幅提升销售成功率。我们在之前对于品牌以及 slogan 核心意义的阐述当中，已经对此有过较为清晰的界定，那么在实际咨询工作的推进过程中，要如何通过工具将 slogan 真正地设计出来呢？我们将在后面的章节中详细介绍相关工具。

5. 定价与渠道管理

定价与渠道管理指合理确定产品价格（无论软性产品或硬性产品，都应有相对应的价格）以及管理各级渠道的方法，此举是成功将产品进行对外销售的关键步骤，因为从客户的角度看，价格必须要合理。另外，各类渠道的销售方法与销售策略也很重要。所以，定价与渠道管理势在必行。

6. 体系与资源支撑

体系与资源支撑指整体的营销行为需要管理体系进行支撑，并且需要足够的资源来提供保障。当目标客户、产品价格以及各级渠道等内容均有效确定之后，还需要进行资源整合，确保体系与资源容量能够时刻具备充足的支持能力。

通过上述内容与图示可以看出，品牌与 slogan 咨询是一次市场认知之旅，是一次找到客户、明白客户需求以及最大限度确保客户购买的过程。

8.3　企业品牌与 slogan 咨询工具

现在市场上做企业品牌咨询的效果为什么不太好呢？原因有两个，一是工具使用不当，二是欠缺市场评估。

那么，到底什么工具才是有效工具？怎么样使用才能够获得结果呢？以下具体分析几种模型。

1. "细分市场"分析模型（见图 8-2）

一次成功的营销，首先要回答一个问题："我是否将产品卖给了确实有需要的客户？"举个例子，如果一个客户想买一部手机，但你却想卖给他一台电脑，那无论你的电脑质量有多好，价格有多合适，功能有多强，客户都未必会买，因为他的需求不是电脑。企业的成功，很大程度上在于产品与营销模式的可复制性以及可循环性，否则利润和成本很可能"入不敷出"。所以，找准客户是所有营销行为的基本前提。

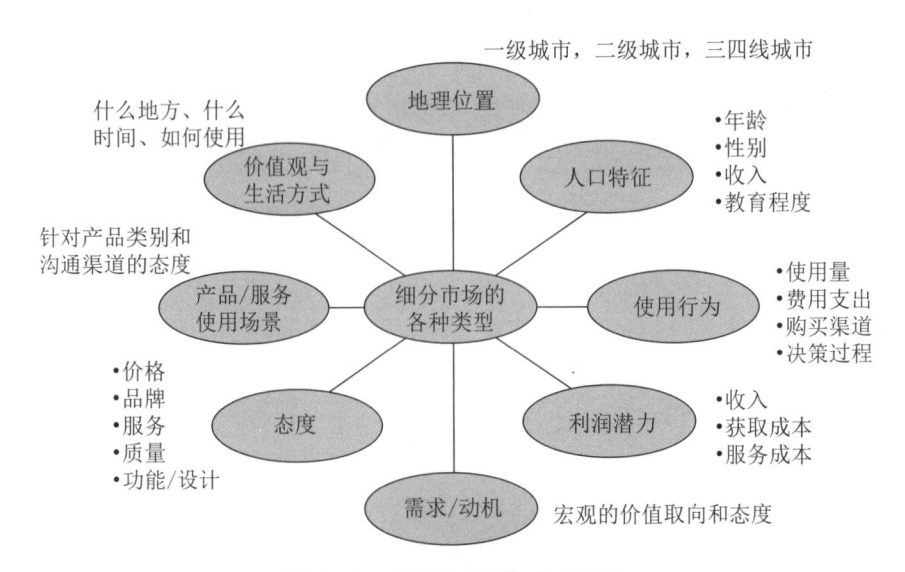

图 8-2　"细分市场"分析模型

此工具的关键点在于，通过八个维度来精准定位客户属性与细分市场，并且能够通过多个维度的相互结合，对目标客户或潜在客户形成有效且定向的描述。

（1）地理位置。

即目标客户或潜在客户所在的位置与区域，该位置与区域通常决定着企业的事业部、办事处以及各产品线营销团队的发力方向以及成本消耗集中点，如果不能较为精准地明确出来，很可能就会导致成本损耗而徒劳无功。

（2）人口特征。

即目标客户或潜在客户的基本属性特征，如年龄、性别等。不同的产品有着不同的受众人群。比如某些玩具只能适用于一定年龄段以上的孩子，如果使用对象在年龄上不满足适用要求，则很可能导致风险或危险发生。同理，产品也是如此，没有一家企业可以说自己的产品适用于各类人群，所以明确自身产品所适用的对象十分重要。

（3）使用行为。

即目标客户或潜在客户的获取行为，如购买渠道、决策过程等。不同的人有不同的购买渠道，通过调研得到此类特性信息，无疑会为成功销售提供坚实有力的基础。

（4）利润潜力。

即目标客户或潜在客户能够通过购买行为而创造的利润价值，要明确目标客户或潜在客户的收入水平、产品的生产制造水平以及获取客户所需要消耗的成本等内容。而且，在企业经营的过程中，有效控制成本并合理地提高价格水平也是提高利润额的关键方法之一。

（5）需求/动机。

即目标客户或潜在客户购买产品的核心原因或关键驱使。任何产品的购买，一定都有原因。但这不能叫原因，而应该叫作"逻辑"，因为有需要，所以才有购买行为。而购买需求是指由于产品的某种优势或特点，才形成客户的购买行为，比如性价比高、功能多、速率快、品牌大、质量好。

（6）态度。

即目标客户或潜在客户对于产品的状态与渠道的想法。这是促进产品变革与渠道管理策略改进的关键因素。

（7）产品／服务使用场景。

即目标客户或潜在客户使用产品／服务的各类外在场合特征，如时间、地点以及方式等，尤其是现代社会，它并不是告诉你自己的产品有多好，而是告诉你在什么场景下应该使用自己的产品，以此来与客户产生共鸣。此类分析也是必要的维度之一。

（8）价值观与生活方式。

即目标客户或潜在客户就产品／服务与生活之间的契合度。这是能够快速占领客户心智的方式，即通过产品的核心价值观来影响客户，一旦成功，将能够有效脱离品类的影响和区域的限制，从而形成广泛性的售卖。

上述从八个维度形成对目标客户或潜在客户相对准确的描述，通过此种工具，管理咨询师可以得到对于目标客户或潜在客户较为准确的解读，并以此来决定或指导未来营销的策略与方法。

2. "细分市场"评估模型

在明确了"细分市场"之后，管理咨询师还需要对企业不同产品就"细分市场"之间的匹配度以及实施的难易程度进行分析。这时就需要用到另外一个工具，那就是与之相匹配的"细分市场"评估模型。虽然通过"细分市场"评估模型得到了对于目标客户或潜在客户的基本描述，提升了营销的精准性与成功率，但在实际操作过程中很难存在"完美"状态。因此，企业需要有"取"有"舍"，"取"的是企业能够通过营销策略、模式与方式来完成或得到的内容，"舍"的是企业穷尽全部心力或资源也无法得到的内容。学会将资源、人力、物力与财力聚焦到可行性高、成功率高的目标客户或潜在客户上，这就是"细分市场"评估模型存在的意义，它能够成功避免无效的成本浪费，形成营销的"聚焦力"。"细分市场"评估模型如表8-1所示。

表8-1 "细分市场"评估模型

问题维度	产品/项目1	产品/项目2	……
物理地点			
人口特征			
基本条件			
场景特点			
购买特征			
深度需求			

此工具的关键点在于，合理对"细分市场"分析模型当中的维度或要素进行有序排列，区分自身竞争优势以及可实施难易程度之间的关系，进而明确自身企业的产品应该从哪些维度精准发力，实现对不同产品的针对性营销策略的设计。

（1）物理地点。

即不同产品或项目所对应物理区域的操作性。例如"南甜北咸东辣西酸"这句话说明我国不同区域的饮食特点，此特点不仅来源于口味，更来源于不同区域的位置特征、气候因素、食材原料以及资源特征的综合影响,之所以形成此类口味,既有着"自主性"也有着"必然性"。在客户眼里,产品本身的优势与质量是一方面,但更重要的是"适应性"。此维度就是将此内容前置性分析与说明,明确不同产品的适应性物理地点。

(2)人口特征。

即不同产品或项目所对应的营销人群特征的操作性,其实道理和"物理地点"是一样的,现在市面上各类手机品牌都有着自己的主打品类与受众群体,像游戏手机、音乐手机、拍照手机、老人机等,有着不同的定位,这些定位在很大程度上就是为某一类受众群体而设计的。这就是基于人口特征所作出的营销策略调整与产品功能变化,即根据人口特征进行产品的差异化体现。

(3)基本条件。

即不同产品或项目所对应的营销基本条件的操作性。比如支付能力,要让一个月薪5000元的人买一个50000元的包,那么即使你营销做得再好,销售团队再给力,资源付出得再多,大概率也不会成功。这就需要在明确物理地点以及人口特征之后,继续进行基本条件的分析。

(4)场景特点。

即不同产品或项目所对应的营销场景特点的操作性。简单地说,就是在满足物理地点、人口特征以及基本条件的基础上,此类产品更多是在哪些场景使用。只有在此场景上发力,才能够与客户实现"共鸣"。

(5)购买特征。

即不同产品或项目所对应的购买特征的操作性。比如思考与分析目标客户与潜在客户,通常希望在哪些渠道购买产品?网购,还是线下购买？如果推广的渠道不满足目标客户或潜在客户的购买特征，很可能导致希望购买的客户没有看到推广信息，反而不是"准客户"的人看到了信息，这可能是"购买特征"的分析在开展营销工作前没做到位。

（6）深度需求。

即不同产品或项目所对应的营销深度需求的操作性。此部分内容就是常说的价值观的深度匹配，客户为什么在同类产品当中总是选择你，除了价格优势、质量优势等内容之外，还有什么？客户也许不能完全说明白，但自己需要梳理清晰。

上述从六个维度来说明在开展营销工作之前，需要重点分析的关键内容，明确梳理逻辑，且令"细分市场"分析模型的结果与可实施程度之间形成匹配分析关系，让营销策略更加精准。

3. "需求分析"模型

在做营销工作的过程中，我们发现企业总会问一些问题，"你们做过调研吗""这是客户需要的吗""你们是怎么调研的""有数据吗"等。很多企业觉得实在麻烦，干脆找咨询公司做调研，然后拿到一份报告。有一家企业花重金做营销咨询，但是效果不好，后来找到我们，我们教会他们一种工具，即"需求分析"模型，如表8-2所示，结果取得了成功。

此工具的关键点在于，对不同产品的不同要素进行分析，明确不同产品应该在哪些要素领域进行重点迭代或关键推广，以此来打造不同产品的差异化特点与优势，并通过对要素的了解，最大限度增加该要素的影响力度。

表8-2 "需求分析"模型

需求维度	产品/项目1	产品/项目2	……
外观要素			
功能要素			
价格要素			
速率要素			
条件要素			
适用要素			
服务要素			
效果要素			

（1）外观要素。

即不同产品基于不同受众群体的"外在满足"。有效的外观设计能够从"可视化"的角度打动与激发客户的购买欲望，形成"快速购买"的可能性。因此产品不能忽视外观设计的要点与特点。

（2）功能要素。

即不同产品基于不同受众群体的"需求满足"。具备满足客户需求的功能，是客户有效成交的关键，也是每一代产品更新或迭代的关键驱动因素。

（3）价格要素。

即不同产品基于不同受众群体的"价位满足"。产品价格在客户购买预算的范围内，是"撬动"客户购买的"杠杆"，所以这是产品有效售出的关键。

（4）速率要素。

即不同产品基于不同受众群体的"时间满足"。不同产品的速率与功能不同，均影响着客户购买时的决策速度。

（5）条件要素。

即不同产品基于不同受众群体的"多元满足"。比如购买距离，就像你喜欢吃一道菜，如果需要坐公交、地铁，然后再骑自行车，那很可能会由于路途过远而选择不去吃，这就是所谓的条件之一。不过，此类产品也是有营销方法的，需要通过其他方式进行营销策略的设计。

（6）适用要素。

即不同产品基于不同受众群体的"场景满足"。不同的适用场景，决定了客户是否购买的"决策思路"。

（7）服务要素。

即不同产品基于不同受众群体的"欲望满足"。服务深度与程度的影响，是客户购买与否的判断标准之一。

（8）效果要素。

即不同产品基于不同受众群体的"结果满足"，即产品是否能够达到客户的预期效果，是其对此次购买行为价值判断的标准。

上述从八个维度快速梳理"需求调研"过程中必须重视且必须做到的主要信息与内容，助力企业完成营销策略的完善与产品功能的更新。

4. slogan 象限模型

明确了细分市场、细分市场实施难易程度以及需求调研的关键方法之后，还有一个问题要解决，那就是如何吸引到目标客户？答案是应当找到自己适合的"标签"。那么如何快速占领客户心智，形成基于某种优势的"标签"呢？具体通过 slogan 象限模型（见图 8-3）进行分析。

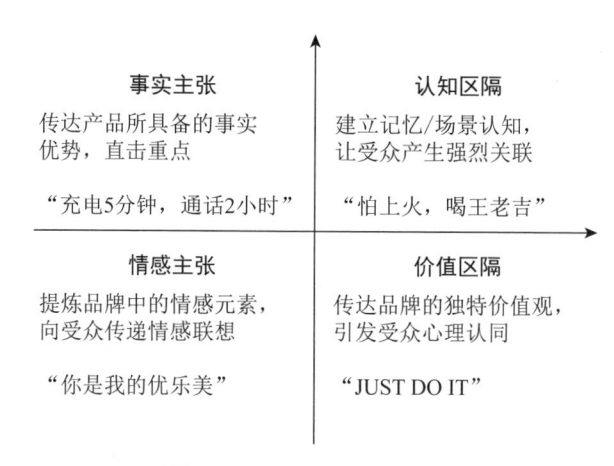

```
                    ↑
事实主张              认知区隔
传达产品所具备的事实    建立记忆/场景认知，
优势，直击重点        让受众产生强烈关联

"充电5分钟，通话2小时"  "怕上火，喝王老吉"
────────────────────────────────→
情感主张              价值区隔
提炼品牌中的情感元素，  传达品牌的独特价值观，
向受众传递情感联想     引发受众心理认同

"你是我的优乐美"       "JUST DO IT"
```

图 8-3　slogan 象限模型

此模型的关键点在于，通过四个象限、四种方法来快速确定不同产品的差异化优势，并且能够通过逻辑结构形成语言描述，从而快速定位具有标签化的 slogan。

（1）事实主张。

"事实主张"，即以产品自身的事实优势为基础，直击重点，并形成占领心智的 slogan，其逻辑结构为"事实＋数字＋对比"。比如南孚电池的"一节更比六节强"，"事实"是续航时间长，使用时间长；"数字"是"1"和"6"；"对比"是"南孚的一节电池和别人家的六节电池"，满足逻辑结构且能够快速被记住，用最直白的话语直击重点，通过数字与对比的方式告诉客户我和别人家的区别。以此类推，"充电 5 分钟，通话 2 小时"也是如此。

（2）认知区隔。

"认知区隔"，即以记忆或场景认知为基础，使受众产生强烈的关联与熟悉度，并形成占领心智的 slogan，其逻辑结构为"记忆点／场景＋动词＋产品"。比如"怕上火，喝王老吉"，"记忆点／场景"是"上火"，这个词语在每一个人心中都有认知，相信小时候每个人的父母都

说过"多喝水,别上火"之类的话语,所以这个词能够勾起受众的强烈回忆;"动词"是"喝",此动词传达出了一个明显的行动指令,此指令会潜在地影响客户的购买行为,尤其是在这个 slogan 被反复念过多次之后,也就形成了合理的购买理由。"产品"就是指本身的名称,用合理的记忆点/场景加上动词的指令,就是"认知区隔"的关键技巧。以此类推,"困了累了,喝红牛"也是如此。

(3)情感主张。

"情感主张",即以品牌或产品的情感元素为基础,向受众传达情感联想,并形成占领心智的 slogan,其逻辑结构为"关系+联系+产品"。比如优乐美的"你是我的优乐美","关系"是"你和我",这是情侣之间的一种表达;"联系"是"你是我的",这是爱人之间的承诺;"产品"就是优乐美本身。当这样的 slogan 出现之后,优乐美奶茶就从"一杯奶茶"变成了一种"爱情的见证",这就给产品增加了无限的遐想空间或无形价值,哪怕贵一些也没关系,因为爱情是无价的。所以,优乐美在情侣间风靡,也就成了一个看似"偶然"但实则"必然"的结果。以此类推,还有"爱她,就请她吃哈根达斯"。

(4)价值区隔。

"价值区隔",即以品牌或产品的独特价值观为基础,引发受众群体的心理认同与内心认可,并且形成占领心智的 slogan,其逻辑结构为"人群特征+行为价值"。比如"Just Do It",以"想做就做"或"坚持不懈"的价值观理念,既向受众群体传达了对于年轻人自我认知、自我认识的导向,又传达了运动本身对于各类人群因角度不同而带来的不同理解,其中"人群特征"定位为青年人群,拥有青春飞扬、豪放不羁的价值观以及张扬个性的重要理念,"行为价值"在于"做",也在于"时效",既强调行为的直接性,又强调及时性。通过此种方式，产品可以与特定的受众人群产生高强度的连接，甚至冲破"区域""价格"以及"渠道"的影响，最终促成由于价值观的趋同而"买"，而不是由于产品功能和质量而"买"，因为这个理念就是最大的差异化竞争优势。以此类推，还有"安踏，永不止步"。

上述工具从四个象限、四种方式完成了营销过程中重要的节点之一，那就是解决了如何吸引客户的重要问题。同时，也表明了那些脍炙人口的slogan绝不是随意而写或天马行空的想象，而是有逻辑、有方法、有思路的工具运用。

基于以上四个工具的顺序运用，才能真正将营销落地，这些工具是提高市场占有率、提升营销业绩、强化产品与品牌在客户心中的熟识度，而不是一份或几份"单薄"的方案文件。

CHAPTER 09

企业流程梳理与再造

9.1 企业流程的意义

本章节我们将继续遵循"企业运营原理"的逻辑顺序,进一步探讨企业流程管理的咨询与优化方法。

说到流程管理,它是"企业运营原理"的第三个模块,也是企业正常运转的基本脉络,换句话说,企业流程的有无及可用与否直接影响着企业运转的效果与速率,但就是这样一个重要的管理模块,却被很多企业忽视,被冠以"徒有其表"的名头。

1. 对企业流程的误解

(1)流程做了半天,最后还是人来管,效果不大。

这是我们在做管理咨询项目的调研过程中经常听到的一种说法,不少中高层都这么说。因为在他们眼里，流程就是"工作顺序"，也就是一个任务或一件事情如何做好的步骤。所以，对于他们来说，只要在了解与掌握之后，流程就不再重要了，也不需要更新了，即使更新了，他们也不会按照流程的指引来工作，依然是以前怎么干，现在还怎么干。这样做不能说是完全错误的，因为流程在一定程度上确实代表着工作的行动纲领及逻辑指引，但流程背后的真正目的，除去所谓的工作指导之外，就是对企业工作质量与时效的管控。仅明白干什么是不够的，还需要明确"怎么干，干到什么程度"才可以。所谓"管控"，一是要管得了，二是要控得住。如何管得了？需要知道每一个节点存在的必要性，也就是"流程梳理"，有必要、有意义的节点要保留，无意义、耗成本的节点要删除或合并。如何控得住？需要知道每一个节点的工作标准与时间要求，也就是"流程优化"，即能在规定时间内将节点任务完成好，并顺利移交至下一节点，方可多方协同。如果超时完成，节点成果不符合标准，就算知道干什么也是没意义的，反而只会拖累企业的运营效率。

（2）集团有要求，领导要检查，不管有用没用都得做。

这也是我们在做管理咨询项目过程中经常听到的一类抱怨，各有各的说辞。领导方认为自己做得有道理，应该检查，如果没有完善的流程，这么多业务难道要自己一个人天天去现场盯着吗？下属方认为自己做得也没问题，明明能做得更有效率，却偏偏要根据流程来做，劳民伤财不说，效果还不好，产生此类问题或抱怨的根本原因在于流程设计过于制式化，缺乏灵活性。我们看过很多管理咨询师做流程类项目，坦率说，只是将模板内容结合企业实际情况做一些修改，以"套"为主。这样做也许能做完项目，也能通过有效展示让领导暂时满意，但终归不是解决方法，因为用不上。做完之后企业没有任何改变，举例来说，房地产企业和高新科技企业的"市场拓展流程"能一样吗？

这些流程管理误解，究其根本是对流程的意义理解不到位，以及优化方式不合理所致，而本章就是要阐述流程如何优化、如何调整，才能真正将其运用到实际当中去。

2. 企业流程的意义与记忆方法

为了使企业既能快速记忆流程的意义，又能时刻记住流程的重要性，需要了解流程的"对比记忆"方法。

在这个方法中，要将"企业"看成一个"人"，并且通过"人"的不同组成部分来匹配看待"企业"各类管理模块的重要意义，"人"与"企业"的对比记忆如图 9-1 所示。

人	企业
□ 寿命：生命持续的时长	□ 周期：企业生存的阶段
□ 挣钱：满足生存的需要	□ 盈利：满足企业的生存
□ 大脑：引导行动的方向	□ 战略：指明企业的方向
□ 器官：满足生存的功能	□ 部门：支撑盈利的功能
□ 四肢：执行动作的必要	□ 岗位：满足执行的需求
□ 血管：输送血液的媒介	□ 流程：链接功能的纽带

图 9-1 "人"与"企业"的对比记忆

从上图中不难看出，这个工具/方法巧妙地将"人"与"企业"之间形成了对比联系。

（1）寿命与周期。

人有寿命，企业有周期，每个人都希望在生命持续的过程中，不断实现自己的人生理想。企业也如是，希望在生存周期内不断发展，实现企业愿景与经营目标。每个人都希望自己的寿命长一些，能够有更多的时间去做自己没做完的事情。企业也如此，每一家企业都希望自己能够生存得久一些，能够在激烈的市场竞争当中脱颖而出，成为行业领袖。

这是"人"的生命周期与"企业"的生存周期相联系与对比的维度。

（2）挣钱与盈利。

人只要活着，就需要食物与水源来维持自己的生存需要，而且很多时候人们不仅要关心自己的身体健康，还要关心家人的身体状态，每一个人都在不断地努力养家糊口，期待让家人生活得好一些，舒适一些。企业也是一样，企业要发展、要壮大，要占领市场、要研发产品、要招揽优秀人才，无不需要资金的支持，所以我们总说，企业的本质是持续运转的盈利体！任何管理、任何改革、任何咨询项目，最终目标都是企业正常有序地盈利。这是"人"的挣钱需求与"企业"的盈利需求相联系与对比的维度。

（3）大脑与战略。

大脑指导着人们的工作、学习与生活。人们要到哪里去，工作要怎么做，均是由大脑下达指令，然后其他器官与四肢共同配合完成。如果大脑"宕机"了，那么一个人的行动也就基本停止了。企业也是一样，企业要往哪里去，做哪些业务，以及指导企业内部各模块如何衔接、如何调整、如何分配指标等内容的关键，就在于战略规划的有效落地。没有战略，企业就像一辆没有方向盘的车辆一样，乱开乱撞，难逃"消失"的命运！这是"人"的大脑指令与"企业"的战略规划相联系与对比的维度。

（4）器官与部门。

人能够持续生存，除去挣钱等必备条件之外，还需要身体健康，换言之，身体内部的各个器官不能出问题。当人们看书、睡觉或学习的时候，心脏在持续跳动，各个器官在"各司其职"地运转着。企业也一样，仅有战略，企业无法生存，还需要具备能够承接战略任务与职责的媒介才能将战略落地，这就是部门存在的意义。也正是因为部门的"各司其职"，比如该招聘的招聘、该盯现场的盯现场、该采购的采购、该做检验的做检验……方能支撑企业的正常运转。这是"人"的器官功能与"企业"的部门支撑相联系与对比的维度。

（5）四肢与岗位。

人在大脑形成指令后传到四肢，才能作出行为。没有四肢，脑子再灵活，也许想喝一口水都是一件相对困难的事情。企业也一样，战略的方向、部门的承接都是逻辑的向下延伸，但所有工作都需要岗位上的员工来完成，没有岗位设置、员工，战略再精准，也没人执行。这是"人"的四肢行为与"企业"的岗位支持相联系与对比的维度。

（6）血管与流程。

人体通过血管将血液输送到身体各处，一旦出现堵塞，血液不能及时到位，身体的某个部位就可能出现"供血不足"，"脑供血不足"尤其影响人体的运转。企业也是一样，各部门、各岗位都有自己的职责、功能与任务，但任何一个部门或岗位都没有单独存在的意义，都是为企业运营与盈利服务的，可如何将这些不同功能、职责的部门或岗位联系起来呢？这就需要"流程"的存在，正是流程的简捷有效，才能确保对业务的有效支撑，否则业务就"供血不足"了。这是"人"的血管通畅与"企业"的流程协作相联系与对比的维度。

通过上述方法，人们就可以形象地将企业与人之间的关系进行有效记忆了，而且记忆会很深刻。比如有人说，"战略没用，有没有战略都行！"如果一个人没有大脑能行吗？如果你的回答是不行，那么企业没有战略也不行，连方向都没有，还谈何发展呢？所以此工具不仅是对于流程的记忆，其实是对于每一个管理模块的深度记忆，下次再想说某一个管理模块不重要，不想重视的时候，请想一想这个方法，它可以时刻警醒并提醒你管理的重要性。

流程的有无直接关系到企业业务的顺畅度及有效性。少一个流程节点，产品质量很可能就会下降；多一个流程节点，业务效率也许就会提升。所以，流程是企业高效运转与健康生存的保障。

明确了流程的意义，接下来就是分析如何做好流程的梳理与优化。

9.2 企业流程梳理与再造咨询的步骤

保证步骤科学，才能期待通过科学的步骤得到想要的结果。流程梳理与再造咨询，要分以下六步走（企业流程梳理与再造咨询项目实施步骤见图9-2）。

- **第一步：流程有效性评估**
  - 针对现行流程，运用评估工具对其有效性与冗杂度进行评估，明确流程现状

- **第二步：流程优化策略**
  - 基于流程评估结果，梳理分析优化策略，即流程性质、层级、标准等方面

- **第三步：优化方案设计**
  - 根据优化策略拟定优化方案，即用何种方式、方法实施与推进

- **第四步：流程图绘制**
  - 根据优化方案的要求绘制流程图，并对流程进行编号及规范管理

- **第五步：流程试运行**
  - 推进流程试运行工作，编制出具流程试运行管理手册或相关说明性文件

- **第六步：体系文件完善**
  - 根据优化与试运行结果，进行体系文件的遗漏补充与定向完善，达成闭环管理

图9-2 企业流程梳理与再造咨询项目实施步骤

1. 流程有效性评估

这是做流程类咨询项目的第一步，也是必要步骤。在做项目的过程中，我们发现很多管理咨询公司或管理咨询师都不太重视这个步骤，上来就拿模板套用，如果连这家企业的流程现状都不了解，哪些流程要改、哪些流程比较适配企业运营现状都不知道，那怎么能做好咨询呢？

所以，此步骤重在明确流程现状，评估与找到不同流程的运营适配性，即哪些流程应该调整，哪些流程不应该调整，方能在后续工作中聚焦方向。

2. 流程优化策略

第二步，仍然不能过于急迫地进入设计阶段，要先明确策略，而不能"边想边干"，过程当中反复改，最后这个咨询也不能满足客户要求。故而，第二步是确定流程的优化策略，也就是基于第一步的评估结果，对应该优化或调整的流程对象，提出性质、层级及标准等方面的操作想法，每一步都要确认，每一步都要有思路，经与客户确认一致之后，才能进行整体的设计工作。

3. 优化方案设计

在完成流程评估及优化策略的确定之后，就要正式进入设计阶段，也就是将评估结果与优化策略落实到实际工作当中，即通过拆分节点、新增节点及合并节点等方式与工具推进实施。

4. 流程图绘制

为便于宣传贯彻及做好可视化的指导工作，每一个流程不能仅停留在文字上，还需要通过流程图的绘制将流程形象地展示出来，并对流程进行编号与规范化管理，形成管理手册。

5. 流程试运行

这一步骤是流程能否落于实际的关键步骤。在企业运营过程中，不是任何的优化工作都能马上投入实际应用当中的，很多管理体系都需要

"试运行"步骤，即通过甄选样板部门、样板岗位等，进行对应管理体系的"尝试运转"，并对"试运行"过程中所出现的问题与现象进行收集，并在正式版本的文件或运行过程中进行规避，避免贸然运行而造成的大面积员工抵触或工作停滞。流程咨询也是一样，要通过流程试运行管理手册的指导与支撑，帮助调整后的流程逐步运转。

6. 体系文件完善

这是流程类咨询的最后一个步骤。很多管理咨询公司或管理咨询师都认为这是应当首先完成的，其实不然，如果对象不明确，方法不清楚，也不了解调整后的结果有何风险，一上来就贸然写制度、出文件，结果只能是"一改再改"，永无休止。这是因步骤的顺序不正确而导致的咨询失效。在此步骤当中，需要将策略、调整后的结果及图示等内容通过文件的方式进行完善与规范，形成闭环管理，并结合管理场景的不断变化形成版本更新。

通过上述内容与图示可以看出，就像"流程是企业高效运转与健康生存的保障"一样，流程咨询的步骤也是确保流程意义存在与执行的保障，且通过科学的咨询步骤，让每一步的工作都能做到领导安心，团队放心。

在明确流程类咨询的步骤之后，接下来要了解流程咨询需要用到的必备工具。

9.3　企业流程梳理与再造咨询工具

在企业运营与管理咨询项目的推进过程中，我们发现很多的咨询项目都有一种"随心所欲"或"经验为王"的感觉，不仅是步骤，在工具的使用上也是一样。而在流程类咨询项目当中更是如此，流程是否有效，调整的结果是否到位……很多来面试的管理咨询师都是仅通过经验进行判断，非常随意。而当我们问道"你能确定你的经验有效吗""你能明确你的判断一定准确吗"等问题时，对方就不知道如何回答了。流程在某种程度上不同于其他管理模块，因为其涉及的范围更广、层级更多，一旦调整不当或工具运用不合理，会影响或危害企业正常运转，甚至配合不当导致企业停摆，绝不可马虎。所以，专业且合理的工具使用是流程类咨询绕不开的话题。

那么，这些工具到底怎么用呢？

1. "MECE"评估工具

"MECE"[①]评估工具在流程领域有一种全新的应用方式，即通过象限构建的方式，对流程节点进行有效性评估。说得直白一些，就是在调整流程的时候应当判断哪个流程该调，哪个流程不该调，以及应当调整流程的哪一个节点等，而不是一股脑儿地全调整一遍，那样既浪费时间与精力，又很可能会打破企业之前已经形成的良性运转，得不偿失。所以在调整之前优先明确调整对象，是流程类咨询应当完成的事情，此工具也正是秉持着这一理念而进行的变形使用，"MECE"流程评估工具如图9-3所示。

此工具的关键点在于，通过对四个象限与"MECE"模型核心意义的拆分，给四个象限分别确立不同的筛选范围与定位，并进一步将流程当中的各节点代入，最终区分并指出"无遗漏""无重复"的节点所在，以此划分流程是否有效，其使用步骤如下。

---

① MECE：英文为 Mutually Exclusive Collectively Exhaustive，中文意思为"相互独立，完全穷尽"。

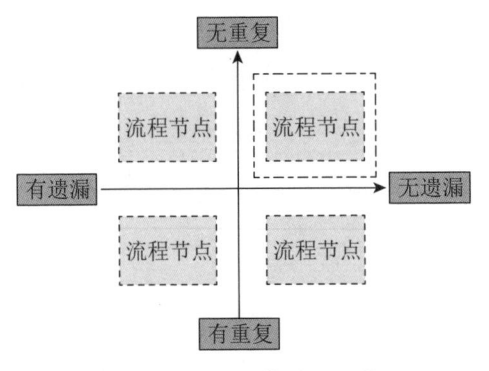

图 9-3 "MECE"流程评估工具

（1）确定流程。

即在有效性评估之前，应当确定本次评估的是哪一条流程。换句话说，为确保流程优化的结果落地，管理咨询师应当根据"项目范围与诉求"确定应当纳入评估工作的流程数量，其评估的工作量将结合项目的实际体量而定。

（2）拆分流程。

在确定了评估对象后，要对流程进行节点的拆分，此过程属于穷尽筛选，即有多少节点就写明多少节点，不要进行过度增加或删减。

（3）划分象限。

即根据各象限的不同意义与定位，明确本次评估需要找到的具体象限。在无特殊情况或要求下，流程有效性评估主要是为了找到"无遗漏""无重复"节点。找到这种节点的优势，就是如果流程的节点都没有重复或遗漏，也就说明在此条流程推进过程中不存在反复的劳动或严重的阻碍，能最大限度提升流程效率，如果企业每一条流程的节点均能确保"无遗漏""无重复"，那么提升企业整体的运营效率也就指日可待了。

（4）节点代入。

即将第二步完成拆分的流程节点，依次按照各象限的定位与要求列入模型当中，划分目标象限的节点数量与内容。

（5）判断评估。

根据第三步所划分的目标象限的要求和定位，就节点代入后的结果进行判断，找到应调整的流程节点，即在目标象限之外出现的流程节点。

（6）明确策略。

根据确定的调整对象明确调整策略，以此作为该步骤的结束与下一步骤的开始，将管理咨询项目做到具有连带性，而非前后脱节。

通过上述工具，即完成了流程类咨询的第一步，也是最为重要的一步，那就是流程有效性评估。只有最大限度地确定调整对象，才能避免成本与精力的浪费，从而让后续的所有工作全部有据可依，有迹可循，且为下一步咨询工具的应用打好基础，进入"流程优化策略"分析模板当中。

2. "流程优化策略"分析工具

在完成了流程有效性评估之后，仍然不能贸然进行流程设计工作，因为其中还有重要的一步要完成，那就是策略分析，即需要在明确有效策略、有效措施及方法之后，方能开始"大刀阔斧"地改善工作。在很多管理咨询项目推进的过程中，咨询师都会说这样一句话，"我们需要在过程当中及时纠偏，并根据企业的实际情况进行随时调整"，这句话看似专业，实则背后隐藏了两个重要因素，一是有利因素，那就是他真的在开始调整之前就已经想好了所有问题的解决方法及思路，所以这种"根据实际情况调整"确实是遵循某种脉络与逻辑推进的，这是我们倡导也是认可的一种方式。二是不利因素，那就是咨询师本人也没想好到底应该怎么干，但又不能说自己不会，所以"边干着边看"，这种"根据实际情况调整"就是极其危险，甚至是不负责任的，可恰恰有些管理咨询师就属于第二种。一名合格的管理咨询师，首先应当明确到底怎么干，用什么工具干，如果出现问题有没有方法去规避等，而不是在还没想好之前就直接推进，而导致项目失败。流程类咨询当然也是如此，而其中有关思路及措施的工具，就是"流程优化策略"分析模板（见表9-1）。

表9-1 "流程优化策略"分析模板

策略维度	项目/任务/部门1	项目/任务/部门2	……
流程性质			
流程层级			
流程数量			
问题定义			
追溯原因			
优化方式			
衡量标准			
绩效指标			

此工具的关键点在于，通过对不同项目/任务/部门的流程进行重点维度分析，分别得出不同项目/任务/部门的流程优化策略，即使是同样的策略维度，也有可能是不同的优化方法，此为"定制化设计"的关键要义。

（1）流程性质。

即该条流程的性质归属，判断是属于"业务流程""职能流程"或"风控流程"等，以此来确定该条流程的潜在层级或重要程度。

（2）流程层级。

即该条流程的等级高低，判断其属于"一级流程""二级流程"或者"三级流程"等，以此来明确该条流程的重视程度。

（3）流程数量。

即该项目/任务/部门的流程总数，通过现有流程总数及优化后的流程总数，来确定运行流程所需要的成本损耗。

（4）问题定义。

即目标流程的问题所在，即该条流程在实际运行过程中是否存在问题，以及问题到底出现在哪些地方。

（5）追溯原因。

即目标流程出现问题后的排查，以此找到问题的根源，同时检验企业其他模块的衔接问题。

（6）优化方式。

即对目标流程的拆解、合并或删除等方式，就像我们所说的"先想好，再实施"。

（7）衡量标准。

即明确该条流程具体效果的标准，既为流程试运行结果提供判断依据，又为形成绩效指标提供基础。

（8）绩效指标。

即该条流程在实际运行过程中，明确哪些指标应进行管控，各节点的人员有哪些职责要求。

通过上述工具，可将各项目/任务/部门中的各类流程问题进行汇总分析，并明确各流程的调整策略，此为正式开始调整之前需要与客户领导反复确认的关键点。很多管理咨询师不做这一步，甚至不重视这一步，直接开始设计，然后拿着结果去和领导沟通，结果就是"一改再改",改到最后,客户不仅不满意,还增加了对你的质疑。项目推进到这种情况,就不好干了。所以,管理咨询师在做任何模块的咨询项目时,一定要及时和客户沟通,明确策略与思路之后再开展调整或设计工作。

3. "流程优化方式"分析工具

"流程优化方式"分析工具的使用,代表管理咨询师将正式开展流程设计工作,即在明确策略之后进一步开展的调整工作,但所谓调整,不能像"没头苍蝇"一样乱撞,而是明确各类调整方式,"流程优化方式"分析工具如表9-2所示。

表9-2 "流程优化方式"分析工具

优化方式	×××流程	×××流程	……
拆分节点			
新设节点			
限定成果			
限定时间			
限定工艺			
上序/下序调整			
优化目的			
预期效果			

此工具的关键点在于,针对每一条需要调整的流程进行细分设计,具体到节点设计、成果要求、时间要求等内容,即通过对每一条流程的设计,明确该条流程需要对节点进行哪些操作,有哪些要求,以及之后需要怎么用等。确保每一条流程的优化有意义,这也是流程优化项目的工作量较大的原因。一家规模较大的企业,各类流程的总量可能是几百

条，那么针对每一条需要调整的流程都需要分析且得出结论后再绘制流程图，形成流程手册，这其中是多大的工作量与分析量。

（1）拆分节点。

即对目标流程各节点所进行的划分工作，也就是对过于含糊其词或容易造成责任方"扯皮"现象的节点进行拆分，并且进行细分。

（2）新设节点。

即对目标流程各节点所进行的增设工作。原流程节点的数量如果过少，不利于对工作或人员提出要求，那就有必要进行增设，将原有不明确的指向性变为明确。

（3）限定成果。

即对目标流程各节点所进行的节点成果限定工作。如果原流程各节点的成果有要求，而且出现了缺乏节点成果而造成的流程效果欠佳等情况，那就有必要进行成果限定工作，明确每一个节点的成果要求。

（4）限定时间。

即对目标流程各节点所进行的节点时间设置工作。如果原流程各节点的成果输出有时间要求，而且曾经出现过由于超过要求时间而造成的工序错乱或质量下降等情况，那就有必要进行时间设置工作，明确每一个节点成果输出的底线时间。

（5）限定工艺。

即对目标流程各节点所进行的工艺标准要求工作。如果原流程各节点的工艺操作要求未达标，且存在由于工艺操作不当而造成产品质量降低或损坏的情况，那就有必要进行工艺标准要求，明确各类工作的工艺标准与操作规范。

（6）上序/下序调整。

即对目标流程的上序或下序流程所进行的调整工作。企业是一个运营整体，有时候爆发问题的地方并非真正的问题源头，所以如果目标流程在节点、成果、时间、工艺等方面都不存在问题，就有必要对该条流程的上序与下序进行调整了。

（7）优化目的。

即对目标流程的调整目的进行明确。管理咨询项目其实在某种程度上是将原有体系"打破"，然后再建立更为专业、科学、合理的新体系。所以必须和客户说明白任何的调整或优化工作的目标及原因。

（8）预期效果。

即对目标流程的调整效果进行预估。很多管理咨询师可能不做此工作，或者不认可。但在此，"预估"并不是过度承诺，而是对体系的客观描述。举个例子，500万像素和1000万像素的相机有哪些区别？也许你不是专业人士，但至少能分辨哪个拍照更清晰，细节更明显，这就是预期效果。一套严谨的流程体系，能够助力企业运营效率提升，这是肯定的，也是企业领导需要的。所以，此部分是管理咨询工作得到企业领导认同的关键，他不仅需要认同前面的分析与操作方法，更对预期效果有所期待，具备这样的同频认知，才能进行后续的流程绘制与编制成册工作。

通过上述工具，管理咨询师就完成了流程类咨询的重点分析工作，这是流程类咨询最为关键的部分。后续就是流程绘制与编制成册工作了，前面已将节点、要求等内容明确，绘制工具与成册工作就相对简单了，而且也有着一定的企业差异性，因企业性质而定，在格式上、风格上、内容上肯定有所差别。之后就是将已经达成一致思路的内容展现出来，这在很大程度上保障了项目的成功及客户的满意。

以上是所有流程优化咨询项目工具，重点强调的是这些工具都是我们实践过的实用工具，实操性强。

CHAPTER 10

企业组织设计与改善

10.1 企业组织管理的意义

"组织设计与改善"是很多管理咨询师进入管理咨询行业时,最开始接触到的项目模块。

管理咨询师要先摆正思路,明确组织及组织管理的意义。其实在现今的企业管理过程中,我们发现很多人对组织的概念并不清晰,由此引发了很多企业的错误想法。

1. 对组织和组织管理的误解

(1)组织结构就是画图,把"组织结构图"画好就行了。

这明显是一个错误理解,但很多企业却真的是这么认为的。之前有一个客户找到我们说:"我觉得我公司的组织架构存在问题,你们能帮我画一幅组织架构图吗？"这是一家规模与业务运转还算不错的民营企业，证明很多企业真的对组织的概念不清楚。如果一家企业，只用一张图就能说明白各部门的关系，以及厘清各部门的界限，那未免也太草率了。因为组织结构图的背后是企业运营理念及思路的体现。

（2）组织管理有部门说明书这些文件就行了。

这又是另一个明显的错误理解，在很多企业的眼里，组织管理及相关的附属文件只是一个"摆设"，有就行，真正发生问题的时候，也没有人想到找相关文件来作支撑或决策，还是仍然回到"谈感情""谈经验"及"和稀泥"等阶段，这显然是不对的，每一份文件都不能"闭门造车"，而是应当结合企业运营情况进行考察后再设计。

上述这两种明显错误，都是我们在实际工作过程中不止一次遇到过的，当然，还有其他各类千奇百怪的理解，在此就不做赘述了。管理咨询师的目的，是通过专业的工具与方法，来改善与调整这些企业的错误想法。

既然有着这么多的错误理解和错误想法，那应该怎样去理解组织与组织管理的意义呢？其实说起来也简单——需要明确一个逻辑，即组织与组织管理的存在与服务逻辑，这要从企业的本质开始说起。

2.组织与组织管理的存在与服务逻辑

（1）企业的盈利特点。

企业是"持续运转的逐利体"，企业运营必须增值，必须是一种动态平衡。所以任何一个部门、任何一个岗位都没有单独存在的意义与必要，都应当为企业增值与运营顺畅而努力。而这一切的基础，就在于"功能"的体现，何谓功能？就是企业运营过程中，需要的各类"性能"，比如营销功能是盈利的关键；比如研发功能是产品核心竞争力产生的关键；比如保障功能是行政与人力资源部存在的意义。所以，企业在运营过程中，是一个各类功能的集合体，这是思考组织与组织管理的关键与起点逻辑。

（2）企业的功能特点。

企业是各类功能的集合体，可是功能不能凭空存在，也不能不切实际地存在，企业的每一个功能都需要一个载体进行承接，这才有了"部门"的概念。比如说，企业要生存，需要将产品卖出去，所以需要"销售功能"，可"销售功能"不能凭空存在，这个功能需要一个部门来承接，所以"销售部"诞生了。我们发现，企业需要的功能与部门的名称具有惊人的一致性。企业需要品牌推广，所以有"品牌部"；企业需要保障，所以有"后勤部"等，这就是部门存在的根本逻辑，它是根据企业运营的实际功能要求应运而生的。这也就又一次解释了，为什么其他企业的组织结构图不能直接拿来用，因为其他企业所需要的功能，未必就是本企业所需要的，所以照搬的结果，很可能是增加了很多不需要的部门，如此一来，既不能支撑你企业的运营，又会增加你企业的成本。

（3）功能的展示特点。

部门是企业所需功能的承接媒介。可是这些承接和关联，需要"可视化"地展示出来，这就形成了"组织结构图"。所以，"组织结构图"并非是画图，它是在明确企业运营各功能及各承接部门之后，所进行的"可视化"展示与体现工作。

通过上述逻辑的推导，就能明确组织与组织管理的意义了。组织是企业各类所需功能的体现，随着企业发展，其所需的各类功能会出现变化，所以组织也需要调整，这就是组织优化与变革的目的所在，即要让组织跟上企业的发展节奏。而组织管理就是要将企业所需的各类功能进行规范、管控与"可视化"体现,所以组织结构图仅是其中的一份文件,并不是全部。这就是组织与组织管理在实操过程中的本质意义。企业、组织与组织管理的逻辑关联如图 10-1 所示。

企业盈利特点	企业功能特点	企业组织特点
■ 企业,是要盈利的; ■ 盈利,是要有可持续性的	■ 可持续,是需要产品的; ■ 产品的变现是需要功能的	■ 功能,是需要有归属的; ■ 归属与规则是需要可视的

图 10-1　企业、组织与组织管理的逻辑关联

明确了组织与组织管理的核心意义后,才能更好地对组织进行优化与设计。

10.2　企业组织管理咨询的步骤

专业、科学以及严谨的操作步骤,是获得预期效果的必备前提。

组织管理咨询项目实施步骤,具体分为以下几步(见图 10-2)。

◆第一步:组织体系诊断 ◆针对现行组织架构图、部门说明书等文件,进行调研诊断与问题明确	◆第二步:组织功能重组 ◆根据企业战略、运营要求及理念风格等因素,新增、划分、重组所需功能	◆第三步:可视化模式选择 ◆基于企业实际,甄选适用于重组后功能体现与管理习惯的"可视化"模式
◆第四步:组织架构图绘制 ◆根据所需功能及甄选后的"可视化"模式,重新绘制或优化原有组织架构	◆第五步:附属文件完善 ◆结合新调整的组织架构与管理要求,调整完善部门说明书等相关文件	◆第六步:试运行与纠偏 ◆将调整后的相关文件投入试运行,根据试运行结果进行针对性纠偏

图 10-2　组织管理咨询项目实施步骤

1. 组织体系诊断

即明确现有组织体系所存在的问题，并追溯问题出现的根本原因。此步骤并不同于之前介绍的"企业运营诊断"，而是属于"企业运营诊断"之下的细分诊断方法。"企业运营诊断"明确的是，在企业运营过程中，各大管理模块的顺序及衔接问题所在，属于确定"重大病症"所在的工具。而"组织体系诊断"，是在明确企业运营的重点问题模块之后，继续对该模块细分问题进行诊断的方法，属于"重大病症"背后的病因追溯，也就是对组织架构图、部门说明书等文件进行分析汇总，进而明确其所存在的问题的过程。

2. 组织功能重组

即找到和明确企业现行及未来一段时间内的所需功能，以功能为导向，对组织和部门进行重构。这其中既要包括企业战略与运营要求，又要包括管理理念与管理风格等因素的影响，以此来找到需要增加、删减的重点功能，这叫作"功能重组"。此步骤是决定组织管理咨询项目是否有效的关键，也是强调"全科医生"的关键。如果你不是"全科医生"，不了解企业运营，就根本发现不了所需要的功能，也就无法从根本上让组织管理咨询起效果。

3. 可视化模式选择

找到了组织体系的问题所在，也明确了应该增设或调整的功能定位，找到了对于原有组织结构的调整方法，接下来就需要明确用哪种方式进行体现，不同的企业有不同的可视化特征，也有不同的展示方法。

4. 组织架构图绘制

明确了可视化的展示模式后，就需要绘制组织架构图，这不单纯是画图的过程，而是要把所确认的功能、要求及风格展现在图中，并替换原有的组织架构图。

5. 附属文件完善

新版本组织架构图绘制完成后，还需要对其他的附属文件进行调整与优化，因为组织架构图不能单独存在，而是应该组成有着附属文件的《组织管理手册》，其中既有可视化的展示，又有对不同层级、部门的解释说明、功能定位及权限界定等内容，这样才能称为具有一定管理能力的管理体系。

6. 试运行与纠偏

这是组织管理咨询的最后一步，也是必要步骤。因为组织管理体系的调整结果，很可能是对原有各部门工作权限、职能范围、人员配比及功能定位的变化与重新建立，除去需要原有各部门人员的支持与认可外，还需要对新的工作习惯与工作配合进行熟悉，这就需要"试运行"。通过"试运行"让各部门不断适应新的组织管理要求，从而形成新的工作习惯，是管理咨询成果能够落地且顺畅执行的基础。

通过上述内容与图示不难看出，要想把组织管理咨询做好，不仅需要具备专业的人力资源管理知识，还需要了解企业运营的全盘，方能达成咨询目标。

10.3 企业组织管理咨询工具

合理的逻辑、合理的步骤、合理的工具是完成一次管理咨询项目的必要基础，为什么要用"合理"一词呢？那是因为此类咨询，需要的不是超前，而是实用；需要的不是"深"，而是"用"。这在组织管理咨询过程中，也是任何管理咨询项目推进过程中的一个非常重要的概念，所以千万不要追求过于超前的管理工具。

那么，什么工具是"合理"的工具呢？如何通过"合理"的工具来为咨询助力、让客户放心呢？

1. "组织诊断"工具

组织管理咨询的第一步是"组织体系诊断"，这一步需要用专业工具来完成，而非经验判断，"组织诊断"分析工具如表 10-1 所示。

此工具的关键点在于，通过对五类"匹配程度"的分析，全方位了解组织调控过程中的重点关注维度，并多角度照顾领导思路、运营要求及文件规范等内容，最后再通过不同维度的权重来明确调整策略，同时也为管理咨询项目获得领导认可奠定基础。

（1）战略功能匹配程度。

即企业现有功能与战略要求的契合程度。此维度是调整组织架构图的关键，也是完善各部门管理要求与定位的关键，因为企业的各类功能支撑着企业战略与经营目标的完成。功能的"有无"与"增减"，将直接影响着部门的设置与权限的界定。

表 10-1 "组织诊断"分析工具

组织管理诊断—维度与依据		匹配	一般	不匹配	调整策略
战略功能匹配程度	市场/研发/生产/销售/管理/……				
运行协作匹配程度	流程/计划/审核/监督/管控/……				
可视模式匹配程度	直线/直线职能/事业部/……				
附属文件匹配程度	说明书/指导书/任务书/……				
领导风格匹配程度	集中/分散/项目/任务/技术/……				
诊断综述	通过调研分析及……工具的使用，×××企业现行的组织管理处于……水平。具体体现为……等现象，基于战略匹配、协作顺畅、可视清晰、文件全面及风格适宜等组织设计要求，现将调整策略进行汇总说明：……				

（2）运行协作匹配程度。

即企业现有配合习惯、协作要求与各管理模块的契合程度。此维度是完善各部门权限范围与工作尺度的关键，因为任何一个部门都没有单独存在的意义，那么在新的功能设定后，原部门的工作权限、协作流程等是否出现转变？这就是需要调整的内容。

（3）可视模式匹配程度。

即企业现有的组织架构展示方式，与新的功能定位、领导要求的契合程度。不同的行业、不同的企业均有其惯用或比较特定的展示方法，"门当户对"是此维度的关键要求。

（4）附属文件匹配程度。

即企业现有的组织体系文件，与新的功能定位、领导要求的契合程度。哪些文件需要增加，哪些文件需要调整，哪些文件需要合并等，是此维度的关键要求。

（5）领导风格匹配程度。

即企业现有的组织体系风格与领导新要求的契合程度。说到领导风格，可能很多人不了解，哪些算是风格？哪些算是要求？窍门就是通过场景和习惯来确定，比如授权方式，是喜欢"集权"还是"分权"？比如关注重点，是"技术"还是"销售"？比如项目导向，是"结果"还是"过程"？这些看似不太起眼的习惯，潜在和间接地说明了领导的风格所在。风格没有好坏之分，仅代表领导在某些问题上的处理习惯，但可以据此来判断组织调整的重点方向。

通过上述工具可掌握分析与判断组织体系是否完整，以及需要作何调整的五大维度。管理咨询不仅是专业的体现，更是对人性理解的体现，成果要同时满足"客观严谨""专业科学"及"特定需求"等维度的要求。这也是为何要将维度划分为上述五大方面的原因。

2. "组织功能重组"工具

这是组织管理咨询过程中的重点工具，即明确企业现状及发展过程中的所需功能的过程。企业是否增设部门，是否重新划分部门的权限与管理范围，哪些部门的地位要相对下降／上升，如何通过组织架构的调整来支撑企业战略等，均需要对"功能"进行明确，"组织功能重组"分析工具如表10-2所示。

此工具的关键点在于，对每一个现存部门均进行多维判断，即战略功能判断、运行协作判断、可视方法判断及附属文件判断，并以最终判断结果为导向来进行调整，且贯彻在管理咨询过程中必要的"领导讨论"环节。通过此工具的运用，可以让你的组织管理咨询做得更顺畅，获得更高的领导支持度和满意度。

表10-2 "组织功能重组"分析工具

现行部门	战略功能调整	运行协作调整	可视方法调整	附属文件调整	必要性
×××部/中心	1."存在"与"不存在"; 2.主要定位; 3.岗位设置、人员分流; 4.……	1.权限调整; 2.职责调整; 3.范围、幅度调整; 4.……	1.更改名称; 2.所处位置; 3.归属情况; 4.……	1.说明书; 2.指导书; 3.任务书; 4.……	1.讨论结果; 2.领导建议; 3.……
×××部/中心					
×××部/中心					

（1）战略功能调整。

此维度主要分析目前该部门的存在是否与战略要求相符？如果相符，则定位、权限、范围等内容是否发生变化？如果进行变化，应当进行岗位重整还是人员分流？上述这三个问题既需要回答，又需要进行重点分析。因为部门的"有无"不仅牵扯功能定位，还牵扯部门的人员管理。在"组织架构图"上删去一个部门很容易，但在实际操作过程中这样做需要考虑的问题却非常多，如果一个部门真的不再满足战略要求，那么岗位设置、人员分流等问题就都会提上日程，这也是为什么说组织管理咨询不仅仅是一张图或几份文件那么简单的原因。

（2）运行协作调整。

如果说"战略功能调整"是分析并确认其是否应该存在的维度，那么"运行协作调整"就是调整其权限、职责及工作尺度等内容的关键部分，如果出于战略要求，该部门的定位、职责甚至编制出现了变化，那么要做的不仅是"文件"那么简单，而是应当确保组织调整的平稳过渡。

（3）可视方法调整。

此维度主要在于对新增设或调整部门的出现位置进行讨论与分析，即该部门应当体现在哪个位置？如果是原有部门，那么其位置是否需要调整？如果是新部门，其应当在原有部门之下，还是平行于其他部门？这些不仅是图示的体现，更是一个部门在权限、地位及战略紧密度等层面的彰显。

（4）附属文件调整。

此维度主要在于对部门的文件内容进行明确。在此要说明的是，该文件不仅指部门职责说明书这一项，而是应该包括该部门行使职能、保障工作成果的全部文件指引，如作业指导书、部门任务说明书等。

（5）必要性。

此维度是判断是否最终调整的关键，也是管理咨询彰显价值、尊重领导的体现。简单地说，所有的调整，不是咨询师想怎么调就怎么调，哪怕你再有道理、再专业也不行，因为你是助力者/引导者，不是决策者，永远不要忘记也不要越过自己的身份。所以，与领导有效沟通所有的调整思路，是获得领导支持、促使咨询成功的关键。

通过上述工具可完成组织管理咨询过程中的关键一步，也就是回答了"怎么调"的问题。调整既不是"拍脑袋"的经验派，也不是"搞学术"的理论派，而是真正从企业运营的角度出发，判断其所需功能，并结合功能进行调整的实操逻辑。

3. "可视化模式"分析

这是将"理论"与"现实"相结合的重点工具，因为在理论层面设计得再好，也需要和实际相结合，更需要将其"浅显易懂"地表达与展示出来。在此强调一个很重要的概念，那就是"设计"与"实际"之间的本质关系。这两者之间是一种"无限趋近"或"无限拉近"的关系，简单地说，"设计"是通过对企业进行全面的考察、专业的工具使用、务实的调整/优化等工作来确保让原有较为模糊、混乱及有所欠缺的体系内容在理论层面上合理与专业，但绝不是说，设计完成了项目就做完了，更不是说就可以用了，因为这只是第一步。第二步就是通过试运行工作，让"设计"结果无限趋近于"实际"要求，这也是为什么要重视试运行步骤的原因，因为这是将理论结果放在实际情况当中的检验与修改过程，通过这个过程让"设计"无限趋近于"实际"，才是完成项目的重要目的。将理论推向实际的重要方法，即组织结构的五种可视化模式如图10-3所示。

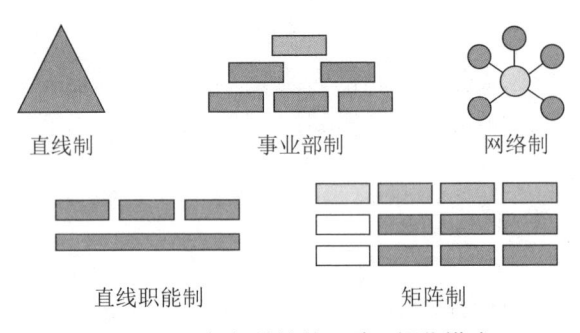

图10-3　组织结构的五种可视化模式

此工具或图示的关键点在于，通过五种可视化模式的特征，帮助企业明确自身的重要对应性，以及如何找到适应于自身企业特性的可视化模式。以下是这五种可视化模式的基本特点，以及不同企业应该如何选择可视化模式的诀窍。

（1）直线制。

这是最为基本、也是最为常规的一种可视化模式，其重要特点在于垂直型领导与垂直型汇报，更多强调领导的单线管理，权力更为集中，业务适应性更强。所以，其指挥与行动更为便捷，但往往负担过重，监控与管控力度相对较弱。

（2）直线职能制。

这是"直线制+职能制"的结合，指挥统一且执行专业，这也是目前我国很多企业经常会使用的一种可视化组织模式。由于相较于"直线制"设置了"职能部门"的概念，其专业支撑性更强，对于业务的应对能力有所加强，但横向沟通更加复杂，所以由于"部门墙"所造成的协调困难等情况在此类组织模式中更加明显。

（3）事业部制。

这是"自主经营"与"独立核算"并重的组织管理模式，更加适合环境较为复杂且协作困难的企业。它对于市场与业务变化的适应性更强，且更加强调负责人的战略管控能力与经营拓展能力，但由于相互之间的资源较难共享，所以容易造成资源争抢、市场抢夺以及协作壁垒。从集团公司的总控角度讲，承接上级总体战略的反应速度较慢。

（4）矩阵制。

这是以业务线及系列项目小组为特征的组织管理模式，更适应临时性/突击性的工作模式，其强调资源共享、合纵连横，注重协作与配合，且沟通较多。但是，因每一条业务线或项目小组都可能有一个较为独立的领导，所以效率相对较低，而且很多时候面临多重领导，组织臃肿及职权冲突就成了此类组织管理模式的隐患与弊病。

（5）网络制。

这是以技术外包或服务为主导的组织管理模式，适应于营销或具备一定服务优势的企业，能够适应市场快速变化的节奏。现在市场上很多管理咨询公司都在应用此类管理模式，其运营快、开发快及响应快的特征开始被更多企业青睐，且其结构轻、固定投资相对较少，所以执行力与响应力也将同比提升，而由于每一部分的工作均有专业人员来实施与操作，所以对于效率与产品质量的保障也就更高。但此种模式也对管理层提出了更高的要求，尤其是审核能力及全面掌控能力。

通过上述图示与说明可基本掌握五种组织管理模式的特征与展示方法，但企业具体如何选择？又有哪些衡量或判断标准呢？

4. "组织模式"选择工具

明确了到底有哪几种组织管理模式及相应的基本特点后，企业需要进一步找到选择依据且甄选出到底哪个模式更加适合发展与功能定位，这就是"组织模式"的选择工具。市场上各类企业不尽相同，不同企业的组织模式也都有其特色或特征，很难找到极其精准的选择标准，但在长期的管理咨询过程中，我们也总结出了一些基本规律与选择方法，"组织模式"选择工具1如表10-3所示。

表10-3 "组织模式"选择工具1

分析维度	职能制	事业部制	矩阵制	网络制
资源效率	优	差	中	良
时间效率	差	良	中	优
响应能力	差	中	良	优
适应能力	差	良	中	优
责任感	良	优	差	中
适合环境	稳定	复杂	复杂/多需求	变化
适合战略	集中/低成本	多样化	快速响应	创新

这是第一个选择工具或选择方法，其以七个维度来帮助客户从企业现状与组织模式所对应的特征进行对比，从而找到更适应企业现状且满

足组织模式特征的可视化结果。

（1）资源效率。

即企业对资源的运用与使用效率，不同组织模式对企业内外的资源掌控与运用效率有着较大差距，可通过对企业现状进行总结提炼的方式与各组织模式特征对比得出。

（2）时间效率。

即企业对时间的掌控与要求程度。由于业务线、产品特征及营销渠道的差异化优势，采用不同的组织管理模式将对企业实际运行情况造成显性/隐性影响，需要整体考虑业务情况得出。

（3）响应能力。

即企业对内部管理与外部市场变化的应变或应对节奏。在现今的市场环境中，高效的响应能力间接反映着企业的变革与发展能力。此种情况下，选择匹配的组织管理模式，能够从结构角度上有效提升响应速度，反之则可能降低。

（4）适应能力。

即企业对内外环境的习惯与接受能力。市场不会由于某一个企业或某一个行业的变化而产生巨变，所以现今社会也是一个强调适应性的社会，家庭与工作均是如此。如果企业更加强调适应性的调整，则应当从结构层面上选择能够提升适应能力的组织结构，如网络制。

（5）责任感。

即企业与企业管理人员对于业务等方面的负责程度。不是说不同组织模式有着截然不同的责任感，而是从结构层面而论，由于职责、权限等内容的不同，易造成责任感的体现程度不同。

（6）适合环境。

即不同组织模式对外部环境的适应能力，其与上述适应能力的明显区别在于，更加强调由于环境特征的变化而造成的组织结构的天然契合度，即该组织结构更加常用或更易适应的外部环境。

（7）适合战略。

即对企业战略规划要求的适应性，不同的战略发展思路与规划对企业所需的功能有重大影响，所以在讨论各种能力的基础上，也需要综合考虑对战略的适应程度。

通过上述七个维度的权衡与判断，可以结合企业内部的实际情况，选择出适应现状与发展的组织模式。

除此之外，还有另外一种选择方法，"组织模式"选择工具2如表10-4所示。

表10-4 "组织模式"选择工具2

可视模式	企业规模	业务类型	产品种类	市场背景	能力倾向
直线制	小型	加工/服务	较少	速度快	全面
直线职能制	中大型	制造/服务	较少	产需稳定	原则
事业部制	中大型	高专业性	多种类	较复杂	系统
矩阵制	中大型	高人才性	多项目	成本要求	协调
网络制	中大型	专家/营销	品类集中	变化快	管控

这是第二个选择工具或选择方法，其从各类组织模式的特征与市场化角度出发，来具体考察企业内部的各项能力，从而通过匹配分析得出最终选择结果。

（1）企业规模。

不同企业规模所需要的管理层级、精力及人员要求均有所不同，故不同组织模式也有其对于不同规模企业的适应特点。

（2）业务类型。

不同的业务条线与性质类型，对组织模式有着不同的要求，服务优势的差别对组织模式的选择亦有不同的要求。

（3）产品种类。

不同的产品种类与数量，需要不同程度的管理水平与掌控方法，同一品类下的细分产品也有其对于不同工艺操作或实施流程的要求。所以，结合不同的产品种类，也将出现不同的选择方法。

（4）市场背景。

任何企业都不能脱离市场而存在，都是在市场大环境下进行着良性竞争。所以，针对不同产品或业务线所面对的市场背景与环境，也对组织模式的选择有着不同的要求。

（5）能力倾向。

此维度更为强调企业运营能力的倾向，不同的能力倾向与侧重对组织模式的要求有所区别，这其中不仅有管理要求，还有领导风格。比如，运营更倾向于"原则性管理"，在工作过程中有着严谨与规范的界限，则可能更适应"直线职能制"，即在满足权力集中的前提下，履行对各端口的基本管理。以此类推，不同的运营倾向就有不同的选择结果。

通过上述五个维度的权衡与判断，来帮助客户找出到底哪种模式更为适应企业现状且满足领导风格。另外，在使用上述两个工具的时候，可以"齐头并进"，既确保从两个大角度（"由内而外"与"由外而内"）来进行判断与选择，又可以通过两种工具互为验证与保障，将"经验"与"专业"的权重尽可能拉平，而非由于过分注重某一方面而造成选择错误，甚至影响企业运营。

企业人力资源管理—岗位标准与胜任能力

11.1 岗位管理与胜任能力的意义

说到人力资源管理，相信这是每个人都不陌生的概念，也是很多客户想开展管理咨询项目的初衷与诉求。

在做人力资源管理咨询项目的过程中，我们发现这既是常见的管理咨询领域之一，也是做得最为随意与松散的管理咨询领域，没有"之一"。其随意与松散在于，过度追求噱头、光环、方法与工具，却缺失了企业最为关注的底层逻辑，那就是企业要运营、要盈利。任何管理咨询既要以企业运营顺畅为基础，更要以企业盈利为目标，人力资源管理咨询也不例外，别看你做的可能是"薪酬绩效咨询项目"，但其实质在于规范员工薪酬分配模式与绩效指标体系，提升员工积极性与团队士气，进而提升工作效率与产品质量，最终指向盈利与顺畅。这才是管理咨询的初心,也是终极目标。

在学习"岗位标准与胜任能力"的咨询工具之前,还是要先明确其本质,也是其关键的意义,以确保理解的同频。"岗位管理"这个概念,人们总在提,甚至有些企业特意买软件来为各个员工做测评、出报告,可得出的结论都不太被认同,结果也都不太能应用在实际工作场景中,反而还冒出了很多偏差思路。

1. 对"岗位管理"的错误认知

(1)岗位管理,必须把文件做好,能否使用不重要。

这句话显然不对,但也有那么点儿道理。岗位管理确实需要文件作为支撑,通过文件内容的有效规定与严谨规范,帮助老员工理解岗位价值,也帮助新员工了解岗位职责。但这仅是一方面,更重要的方面在于将岗位要求与企业运营要求相结合,因材施教地完善文件体系,让文件不仅仅是摆设,而是可追溯的决策依据。

(2)岗位管理,直接套模型就行,成熟的东西直接拿来用。

这个概念也不对,企业在管理过程中,面对的是活生生的人,是有性格、有血有肉、有悲欢离合等情绪的人。如果只靠"套模型"就能揣测人性、琢磨人心,就能将经营任务与管理要求更好地贯彻与布置下去,这无疑是"异想天开"。所以,岗位管理不是"套模型",也不是按照各维度对员工进行硬性要求,而是"硬性"与"软性"的相互结合。

不过,相较于其他管理内容,岗位管理的概念偏差或理解偏差还没有那么离谱。其实在说明上述两个错误认知的过程中,只要将其中的一些理念进行调整,这些认知就会从"错误"转向"正确"。

2. 岗位管理的要义

（1）岗位管理，要基于企业运营原理与应用场景，将其应用于人才评估与使用。

这是岗位管理的关键，更是管理咨询师在进行相关咨询工作过程中要关注的要点。一是尊重"企业运营原理"，即遵循企业管理逻辑，将岗位管理应用于提升企业运营能力等方面。二是服务于场景，岗位管理的核心目的就是让员工的抵触少一些，积极性高一些；对领导的认同多一些，抱怨少一些；团队士气高一些，职场矛盾少一些；工作效率高一些，消极怠工少一些等。除此之外，"员工的工作场景"也是管理咨询师做管理咨询必须要考虑的问题，因为你不是在做学术，而是在实际管理场景当中应用管理手段，给出管理建议。那么，管理体系、工具、文件等对于各类场景的指导与满足，才是落地的关键。

（2）岗位管理，要将"硬性指标"与"软性指标"相结合。

按照几个冰冷、生硬的维度来管理员工，领导只可能越管越累，员工还不认可。因为员工有个性、有自主性，可能存在各种突发情况，而这些"突发情况"是"硬性指标"无法满足的，所以只按照"硬性指标"来管，只会落得个"管理不人性""企业没温度"等的尴尬境地。但这显然不是领导要的，因为没有任何一个领导希望自己的员工总是背地里骂他，但如果增加了"软性指标"这个令领导满意、员工认同的"胜任能力"的窍门，即遵循岗位所在的场景与部门要求，将"硬性"与"软性"相结合，从而对员工进行能力、心态等全方位的管理，既塑造权威，又关注"温度"。

那么，将上述两大关键要素相融合，就得到了岗位管理的真谛："基于企业运营原理与应用场景，将'硬性指标'与'软性指标'相结合，所形成的全项能力管理！"

11.2　岗位标准与胜任能力咨询的步骤

对于岗位标准与胜任能力类的管理咨询项目来说，有以下六步内容（人力资源—岗位标准与胜任能力咨询项目实施步骤见图11-1）。

- ◆ 第一步：运营与文化诊断
- ◆ 员工离不开企业运营思路与管理文化，优先明确具体情况，进而设计指标

- ◆ 第二步：硬性指标提炼
- 基于各岗位完成任务的条件，设计硬性指标，将"通用"与"专项"结合

- ◆ 第三步：软性指标提炼
- 基于管理文化与性能观念提炼软性指标，突出要求与适应

- ◆ 第四步：穷尽应用场景
- ◆ 基于企业实际场景与岗位各指标要求，穷尽分类对策，突出结合与准确

- 第五步：附属文件完善
- 结合调整后的岗位标准与胜任能力要求，调整完善岗位说明书等文件

- 第六步：试运行与纠偏
- 将调整后的相关文件投入试运行，根据试运行结果进行针对性纠偏

图11-1　人力资源—岗位标准与胜任能力咨询项目实施步骤

1. 运营与文化诊断

本步骤是将该咨询模块有效完成的根本，也是关键。"岗位管理"的重要概念中的要点内容在于将"硬性"与"软性"相结合。对于"硬性"来说，人们一般将其定义为能够定量的内容，如学历、工作年限等。但最终所面对与管理的是活生生的人，所以势必要考虑到在满足定量要求之后，员工的个性与工作习惯是否与该工作职责、内容及部门管理风格相互匹配？这就是所谓的"软性"要求。只有在"硬性"与"软性"兼有效的情况下，才能说这是能够推进落实的岗位标准与胜任能力。而此步骤就是为解决这个重要问题而存在的，即明确企业运营、各部门管理风格与部门文化的过程。

2. 硬性指标提炼

所谓"硬性指标",那就是该岗位能够完成工作要求、实现工作价值及达成工作结果的定量指标,且应当考虑到"通用"与"专项"两大类。"通用"指每一个岗位都应当满足且实现的工作与价值;"专项"指基于不同岗位性质、类别及特征而应当针对性满足且实现的工作与价值。

3. 软性指标提炼

所谓"软性指标",就是基于企业管理文化及不同部门管理风格的指标类别。管理咨询师应当将基于不同部门所具备且遵守的风格与文化,与员工性情、性格与工作习惯进行对比分析,让员工干得踏实,不仅需要其对于工作职责与内容的认可,更需要其对于部门文化及风格的内心认同与契合。

4. 穷尽应用场景

此步骤是将设计结果落实于实际管理场景的关键。所有的管理工作都是在不同场景下进行的。就像人们常说的"天时、地利、人和"一样,合适的工具,在合适的场景下,由合适的人员来使用,方能发挥其最佳效果。所以,全面梳理各类应用场景,并在不同的应用场景下将岗位标准与胜任能力各维度的权重进行调整,是落地且获得企业认可的关键步骤。

5. 附属文件完善

此步骤也是完善岗位管理体系的必要步骤,即具备文件的支撑。在很多管理咨询师推进岗位管理类的咨询项目时,总是喜欢把此步骤作为首要步骤或重点步骤，即编制文件、改文件。可是如果不清楚指标、不了解场景、员工不认可设计成果，本来领导出于积极发展的心态找来的管理咨询师，就会反而成了影响领导与员工之间关系的"导火索"，这不是"本末倒置"了吗？所以，此步骤很重要不假，但不是首要步骤，而是在明确维度、指标及场景后的整合与完整输出。

6. 试运行与纠偏

此步骤几乎是所有管理咨询项目均需要完成的步骤，也基本上是收尾步骤。在此步骤实施的过程中，成果已经基本设计完毕，但还需要通过对于某个部门或某类场景的试点工作，来不断拉近"理论"与"实际"之间的距离。岗位标准与胜任能力类的咨询也不例外，即需要通过此步骤的实施来完成"设计成果"与"实际场景"之间的有效融合，形成具有管理效果的岗位体系。

如果想要将岗位标准与胜任能力类的咨询项目做好，只有了解企业的现实情况、运营要求、未来期望及高频场景等内容，才能有效落实咨询成果，不能"一蹴而就"，而应当"稳步推进"。

11.3 岗位标准与胜任能力咨询工具

在明确该咨询模块的咨询步骤之后，就具备了完成该模块咨询工作的基本前提。接下来，就需要了解不同咨询步骤的推进过程中，有哪些不同的实用咨询工作可供使用。

1. "运营文化"诊断工具

即以"企业运营原理"为基础逻辑，有序梳理企业运营过程中各大模块的独特风格与文化，且将此作为对所有岗位标准与胜任能力指标的指导纲领，使得员工了解在不同模块的管理场景下，应当如何有效调整与应对。"企业运营文化"诊断工具如表 11-1 所示。

此工具的关键点在于，将"企业运营原理"的各大模块进行有序排列，并以此为基础梳理不同层级对同一模块的管理风格、文化意识等内容，以提炼高、中、基层的不同管理理念，确保任何咨询成果不违背具备企业特色的运营要求。

（1）高层。

即企业的高级决策层，作为企业管理的中枢神经与大脑，高层的每一个决策行为均影响着企业的发展走向，所以其风格与文化特点是推进管理咨询项目过程中必须考虑的因素。其中，对于不同的企业运营模块，高层采取严谨/保守风格、进取/激进风格、把控/集权风格还是管控/分散风格，均对于不同的运营模块有着不同影响，抓住、抓好这些风格走向是必备基础。

（2）中层。

作为企业承上启下的管理者，中层是企业战略执行与落地实施的重要层级。而这一层级对于任务的承接、执行与分配，是引导重点任务是否落地的关键。如承接/不变的风格、思考/改进的风格、要求/索取的风格及分配/检查的风格皆不同，直接影响着任务执行的进度、方法及质量等内容，把握、定好这些风格走向，是确保岗位类咨询获得认可的关键。

表11–1 "企业运营文化"诊断工具

运营模块/ 管理层级	高层					中层					基层			
	严谨/ 保守	进取/ 激进	把控/ 集权	管控/ 分散	……	承接/ 不变	思考/ 改进	要求/ 索取	分配/ 检查	……	听话/ 执行	沟通/ 调整	被动/ 引导	……
战略管理														
营销管理														
流程管理														
组织管理														
人力资源														
企业文化														

（3）基层。

作为企业重点战略任务实施的基础层级，基层的工作风格及对任务的认知/认可程度，是能否得到期望成果的必备条件。那么，掌握、了解其在重点任务执行过程中听话/执行的风格、沟通/调整的风格及被动/引导的风格之间的区别，是获得广大基层支持并顺利推进岗位标准与胜任能力要求的要点行为。

通过上述工具能够准确定位企业运营管理过程中不同重点模块的管理或领导风格，以及潜在的文化导向，为推进后续咨询工作奠定了重要基础。举个例子，如果一个企业比较倡导集权与管控，可能在某些层面上更希望员工是执行力强、忠诚度高、听话的或思维活跃度相对不高的状态，那么在"软性"指标的设计上，就需要进行此类标准的设计与增加权重，潜在透露出管理的倾向。这就是所谓的将"企业风格"与"员工特性"相连接的方法。就上述情况而言，如果一位新生代员工本身是一个思维活跃、不愿意受到约束的性格，那么即使有较好的福利待遇，其可能也会离开，因为他干得不开心。

2."硬性指标"提炼工具

如何提炼"硬性指标"？这里介绍一个比较实用的提炼模型，即"GFLYZ 模型"。所谓"GFLYZ"，指的是五个维度，即工作能力（G）、发展能力（F）、履责能力（L）、业务管控（Y）及组织能力（Z），从这五个维度来分别提炼"硬性指标"，如表 11-2 至表 11-6 所示。

此工具的关键点在于，从五个维度将"硬性指标"进行范围限定，既具备界限要求，又有员工所需要具备的全方位硬性能力要求。

表 11-2　"工作能力（G）"提炼工具

项目 1		权重	良好	合格	临界
工作能力	专业教育				
	操作技术				
	操作经验				
	沟通能力				

表 11-3　"发展能力（F）"提炼工具

项目 2		权重	良好	合格	临界
发展能力	学习能力				
	设计能力				
	总结能力				
	行动能力				

表 11-4　"履责能力（L）"提炼工具

项目 3		权重	良好	合格	临界
履责能力	持续毅力				
	复杂处理				
	应变能力				
	情绪管理				

表 11-5　"业务管控（Y）"提炼工具

项目 4		权重	良好	合格	临界
业务管控	目标管理				
	计划管理				
	效率管理				
	质量管理				

表 11-6　"组织能力（Z）"提炼工具

项目 5		权重	良好	合格	临界
组织能力	号召能力				
	协调能力				
	推动能力				
	教练能力				

（1）工作能力（G）。

即对本岗位应完成的工作所需要的各项基础能力要求，包括专业教育、操作技术、操作经验及沟通能力，且在设定过程中，需要对各项能力进行权重划分，并给出良好、合格与临界的各项描述与定量要求，并以此来对员工进行胜任评估。

（2）发展能力（F）。

即对本岗位应完成的工作所需要的各类成长能力要求，包括学习能力、设计能力、总结能力及行动能力。

（3）履责能力（L）。

即对本岗位的职责担当所需要的各项控制与应变能力要求，包括持续毅力、复杂处理、应变能力及情绪管理。

（4）业务管控（Y）。

即本岗位与业务目标要求相关所需要的各项能力要求，包括目标管理、计划管理、效率管理及质量管理。

（5）组织能力（Z）。

即对本岗位所需要的统筹与协调能力进行的要求设定，包括号召能力、协调能力、推动能力及教练能力。

通过上述工具可以对企业各层级员工的硬性能力维度进行全面设计，且不仅每一个维度里的各项细分维度有所权重要求，此模型更能确保每一个专项维度对于企业的重要程度。比如，某个企业在高管能力方面更注重"业务管控"与"组织能力"，则这两个维度的整体权重就可以相对提升，也间接向管理者表达出高层或股东层的管理侧重。

3. "软性指标"提炼工具

在完成对于"硬性指标"的提炼工作之后，就要开始对员工的"软性指标"进行提炼。此提炼工作相对困难，因为其更多的是针对员工特性的提炼，不过我们在长期的管理咨询过程中总结出一种方法，那就是通过部门所需的既定风格来倒推员工性情。简单地说，完成工作既要具备所需要的必备专业能力，更需要督导或引导员工调整自己的性格与性情，来不断适应该项工作的必备风格。举个例子，财务工作除去需要专业的财务知识以外，还需要严谨的性格与遵守原则的工作态度，因为此项工作是反映企业经营情况的重点工作，一点儿也马虎不得。当你找企业的财务审批或报销的时候，财务一定是有原则地告诉你，要等本月度"报销日""第三方付款日"，绝不是想什么时候报销就什么时候报销。所以，尊重原则、尊重专业是财务工作的必备特性，这无关于人员性情，是这项工作就得这么干。那么，既然是必备特性，在对财务类人员的软性指标提炼的时候，也需要注意其稳重、原则与严谨的个性方向，这就是通过工作与部门特性来倒推员工所需要的"软性"要求的方法。同理，如果是销售人员，就需要活泼、开朗、愿意交流及心理素质强大的人员来担任，这就与财务不尽相同，那么其"软性指标"也就需要有所调整。"软性指标"提炼工具如表11-7所示。

此工具的关键点在于，将各类工作进行了归纳与汇总，且分别对其工作性质等内容进行了定性描述，并在最后给出了该类工作所需要具备的且相对通用的"软性要求"。

表 11-7 "软性指标"提炼工具

分析维度	财务类	操作类	技术类	营销类	管理类	……	性格与追求
工作性质	严谨型	重复型	经验型	创新型	调控型	……	内向、内外、外向
技能获取	培养	训练	积累	洞察	培养	……	听命、总结、自省
技能运用	知原理	要熟练	拼水平	会变通	知原理	……	安定、发展、进取
团队相处	合作型	学徒型	独立型	竞争型	合作型	……	原则、独立、随和
工作管理	责任感	交换制	责任感	进取心	责任感	……	原则、独立、奋斗

（1）工作性质。

即不同工作内容的属性。不同岗位类别，将存在不同的属性要求，如严谨型、重复型、经验型、创新型、调控型等。举个例子，管理类工作重在对企业运营进行统筹调控，也许该领导并不是每一门技术都精通的专业人才，但其一定是一位通晓"企业运营原理"的通才，是运营高手，所以他的工作重在管控，而非操作。

（2）技能获取。

即不同工作内容的专业能力的获取方法。不同岗位有着不同的能力获取渠道，如培养、训练、积累、洞察等。比如营销类工作更关注员工对于市场趋势、行情及客户的敏锐洞察力，此洞察力既有天赋，又有能力，是一个"共享体"，不完全是通过经验积累起来的。我们在做咨询的时候就遇到过，一个年轻人的市场创意、广告思路、品牌打造方法比其他已经工作十余年的老员工更优秀，如果此时还是用"经验"来限定或要求他，那无疑将造成人才流失，或者给竞争对手培养人才。

（3）技能运用。

即不同工作技能的使用方式或方法。不同类型的工作，有着不同的技能使用方法，如知原理、要熟练、拼水平、会变通等。比如财务部人员，不管是何种层级或哪个岗位，财务起码的专业知识，像收支平衡、三张报表之间的钩稽关系都是应该掌握的，也就是所谓的知识原理，如果连这些都不知道的话，那情商再高也不行。同理，领导层如果连"企业运营原理"都不知道，那么再会做人、再会"说话"，也是不行的。

（4）团队相处。

即不同部门或不同工作需要的相处模式，包括合作型、学徒型、独立型及竞争型等。比如技术型人员可能一整天都面对着系统、软件或代码，工作比较独立，可能更需要自身对于技术水平的不断提升与钻研，那么相对的，他的团队合作感也就差一些，这其实是其工作特性所导致的。所以，在一定程度上尊重员工的相处习惯并做出阶段性调整，是员工比较能够接受的一种方式。

（5）工作管理。

即不同工作内容或岗位应当采取的管理方式，如责任感、交换制及进取心等。根据岗位或工作特性要求，让员工感受到较为舒适的"被管理"，是管理体系得以推行的关键点之一。

通过上述工具可以完成对于不同类型工作的"软性要求"的提炼，更是在有序引导员工的基础上，完成管理改革。在此基础上，我们也就形成了将"硬性"与"软性"相结合的"岗位全项胜任能力"，如表11-8所示。

通过以上展示，并对各岗位进行全面对比与分析，可助力于企业的员工管理。

表 11-8　岗位全项胜任能力

项目/岗位		×××岗	×××岗	×××岗	×××岗	×××岗
工作能力	专业教育					
	操作技术					
	操作经验					
	沟通能力					
发展能力	学习能力					
	设计能力					
	总结能力					
	行动能力					
履责能力	持续毅力					
	复杂处理					
	应变能力					
	情绪管理					
业务管控	目标管理					
	计划管理					
	效率管理					
	质量管理					
组织能力	号召能力					
	协调能力					
	推动能力					
	教练能力					
学习	指导					
	熟练					
	原理与经验					
	稳定					
职业	稳定					
	技能提升					
	成绩与荣誉					
	能力提升					
合作	重原则					
	重结果					
	重责任					
	重自我					
性格	活跃					
	精细					
	随和					
	果敢					
情商	极高					
	高					
	中					
	低					

4. "应用场景"筛选工具

在完成各岗位"全项胜任能力"的建设之后，就需要将设计完成的成果与实操相结合。方法就是梳理与穷尽管理场景。"应用场景"筛选工具如表11-9所示。

表11-9　"应用场景"筛选工具

胜任能力应用场景—描述与频率		高频	中频	低频	备注
承接场景	任务/指令/节点/结果/……				
沟通场景（对内）	对上/对下/同级/对事/对人/……				
沟通场景（对外）	客户/领导/伙伴/渠道/……				
下序场景	分配/指导/命令/要求/……				
执行场景	计划/统筹/推进/考核/检查/编制/……				
汇报场景	任务/结果/规划/项目/述职/……				
会议场景	发布/总结/提案/交流/展示/……				
协作场景	项目/小组/团队/事业部/……				
其他场景	团建/培训/聚会/……				

此工具的关键点在于，梳理并汇总了企业运营过程中各类场景的集合，如承接任务或内外部沟通等，并在场景之后罗列了不同的行为举措，便于帮助客户进行选择与判断，能够快速得到高频场景。

（1）承接场景。

即工作任务承接时的特定场景，且包括对工作的关键要求，如对任务完成的要求、指令接受的要求、节点质量的要求及结果导向的要求等。

（2）沟通场景（对内）。

即工作任务有内部沟通需求时的特定场景，且包括对不同层级人员的关键要求，如对上、对下、同级、对事及对人等。

（3）沟通场景（对外）。

即工作任务有外部沟通需求时的特定场景，且包括对不同性质外部人员的关键要求，如客户、领导、伙伴或渠道等。

（4）下序场景。

即向下布置任务时的特定场景，如分配、指导、命令与要求等。

（5）执行场景。

即员工执行工作任务时的特定场景，如计划、统筹、推进、考核、检查与编制等。

（6）汇报场景。

即用于工作汇报时的特定场景，如任务、结果、规划、项目或述职等。

（7）会议场景。

即会议管理时的特定场景，如发布、总结、提案、交流或展示等。

（8）协作场景。

即有内部特性或小组特性的特定工作场景，如项目、小组、团队或事业部等。

（9）其他场景。

即其他可能遇到或发生的特定场景，如团建、培训或聚会等。

通过上述工具，可以几乎穷尽工作或管理过程中的各类场景，当然，仅通过一个工具肯定难以完成对所有场景的探索或汇总，还需要进行不断的实操来完善。岗位对于企业的重要性，就如同人的四肢一样重要，人每一天的各项工作或活动都需要四肢的帮助，岗位对于企业来讲也十分重要。

CHAPTER 12

企业人力资源管理——薪酬体系

12.1 企业薪酬管理的意义

薪酬是员工和领导都关心但关注重点不完全一样的体系。因为在薪酬管理过程中，员工关心的是自己的薪酬额度、结构及奖金发放方法，而领导关注的则是薪酬总额、成本总额及成本与价值产出比等内容。这些关注点都是合理的，毕竟员工与领导的站位与角度有所不同，所以并无好坏之分。但这可苦了管理咨询师，如果只关注员工利益而忽视领导想法，项目不好结项；关注领导思路而忽视员工收益，项目又不好落地。好像怎么做都不对，怎么做都不能让企业满意……

如何通过对各类专业工具与公式的运用，将薪酬体系做好，达到领导满意、员工认可，能够顺利实施的目的呢？

既然薪酬对于员工与领导如此重要，就不得不先来谈一谈薪酬管理的意义。一些企业对薪酬存在几个误解。

1. 对薪酬意义的误解

（1）做薪酬按部就班即可，一点也不难。

这不仅是一些企业，甚至是一些管理咨询师的想法。我们看到有些做薪酬咨询的咨询师从来不做行业调研，也从来不去了解企业的业务现状，上来就套用模板，所以不管是什么行业，他做的薪酬都是一个样儿，无非就是在绩效工资占比等处做一些小修改。企业做管理咨询是为了运营顺畅、经营有效，薪酬也不例外，做薪酬的本质是通过调节员工的薪酬与福利待遇，来提升员工工作质量与流程效率，进而增加企业经营业绩，而不是为了"调薪酬"而"调薪酬"。另外，不同行业的薪酬数据、业务类型及薪酬总额均有所不同，绝不能一概而论。

（2）做薪酬主要在于调整制度，制度做好了就行。

这也是一些管理咨询师与我们交流时所表达出的一种思路。不能说这个思路完全错误，因为我们在给一些企业做咨询的过程中，管理制度的优化与梳理确实是占比较多的一个步骤，也是一些领导最爱"咬文嚼字"的环节，站在"结项"的角度，也不能说这个思路是错的，但如果从企业运营角度上看，这个思路就有严重问题。首先，管理制度在管理过程中具有"保障性质"，换句话说，制度的使用在于出现管理问题或操作错误的时候，能够有据可依，能够从制度当中找到解决问题的方法或规则，以便尊重企业管理原则并做出相对公平、公正的决策。所以，制度在管理过程中具有"后置性"的特点，如果只是制度完整，但其他内容欠缺，则制度中的很多内容将缺乏执行基础，导致权威性大幅下降，成了"文字游戏"。其次，制度在于对企业的观察及场景的整合，制度并不是编制出来的,而是总结出来的,如果只是把自己闷在办公室里写,那永远也写不出能用的制度,结果肯定是反复修改。

所以,薪酬不是套模板,也不是写制度,那到底是什么呢?答案就是"追求'成本'与'回报'的平衡工具"。薪酬体系的意义与内涵逻辑如图12-1所示。

有市场与客户 → 有竞争性的产品与服务 → 有可持续盈利的闭环模式 → 有实施的人才 → 支付薪酬

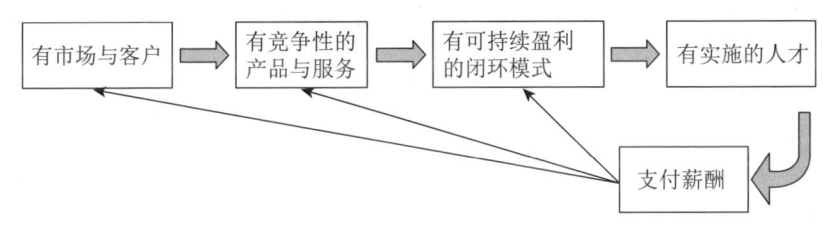

图 12-1　薪酬体系的意义与内涵逻辑

2. 薪酬管理的本质意义

(1)市场与客户。

无可厚非,没有市场与客户,企业就没有经营收入,何谈薪酬?所以,这是企业追求的根本,也是薪酬管理真正的逻辑起点。

(2)产品与服务。

企业如何让客户相信,让市场认可?不能"自卖自夸",而是需要提供具备市场竞争力的产品与服务,这是企业生存的根本,是别人难以替代的差异化优势。

(3)可持续盈利的闭环模式。

具备市场基础与产品优势,企业就需要通过管理体系让盈利变成可持续的、能"举一反三"的闭环模式,这样才能让企业具有持久生存的能力。企业一开始都是野蛮生长,跑马圈地,抢占市场,研发产品,可是当市场与产品具备一定基础之后,就一定要有匹配的管理体系存在,否则就会出现"运营断档"。所以,管理的闭环体系在第三个逻辑节点上。

(4)人才的支撑。

这个逻辑点很简单,因为不管是市场、产品或职能管理,都是需要人来做的,而适合的、有发展潜力的人才,能够让企业具备更大的竞争力,支付给他们薪酬,领导也是同意、愿意且支持的。

企业从根本上是在为市场与客户付薪,因为付薪,企业得到了人才,这些人才又通过工作价值的体现,保障了企业的管理体系与产品优势,有了管理体系与产品优势,企业就能继续在市场上存活下去,继续循环。所以,企业从本质上是希望为这些人才付出"成本"的,并以这些"成本"来换取人才对企业的"回报","成本"给得合理,员工认可,企业的"回报"也就丰厚;反之,"回报"就会减少。这才是企业与领导对薪酬的真正看法,要的最终结果也是通过对"成本"的优化与完善,来更好地促进员工的"回报"程度与速度。

薪酬管理要的是人才的支撑能力,给的是支撑力度的回报,这两者均不能凌驾于企业运转之上,只有找到这两者之间的平衡点,才是好的、能用的薪酬体系!

12.2 企业薪酬体系咨询的步骤

在完成对薪酬意义的同频理解后,要从咨询步骤方面保障薪酬咨询项目的有效完成。

薪酬管理咨询项目实施步骤如图12-2所示。

- 第一步：诊断与总额优化
- 薪酬设计离不开问题诊断与总额管控，先明晰策略，再进行优化与调整

- 第二步：市场薪酬调研
- 薪酬要追求外部公平与内部公平，了解外部薪酬数据并有效计算是前提

- 第三步：岗位价值评估
- 通过岗位价值评估，了解判断各岗位在企业当中的相对价值是必要的基础

- 第四步：职级与薪级薪档
- 结合岗位价值评估结果与计算工具，进一步设计职级与薪级薪档表并实施

- 第五步：附属文件完善
- 结合设计结果与管理习惯，调整完善《薪酬管理制度》等系列文件

- 第六步：试运行与纠偏
- 将调整后的相关文件投入试运行，根据试运行结果进行针对性纠偏

图 12-2　薪酬管理咨询项目实施步骤

1. 诊断与总额优化

要解决问题，就要先发现问题，所以诊断是第一步骤。除此之外，还有一个重要工作，那就是"总额优化"。一些管理咨询师不重视这个操作，认为直接可以调结构、做数据、写制度，这是完全不对的。原因很简单，如果不做总额优化，不针对薪酬调整给出一个整体框架与范围界限，一旦优化之后，薪酬涨幅过高怎么办？一旦涨幅超过企业能够承受的范围，又该如何处理？涨还是不涨？这些问题都是由于没有给薪酬优化定出一个基调而导致的。所以，不但要做总额优化，还要结合企业业务与经营情况而做，这也是为什么做薪酬咨询也要了解企业业务情况的原因。

2. 市场薪酬调研

薪酬优化不仅要注重"内部公平"，还要注重"外部公平"。薪酬咨询的第二步是调研市场数据，要了解同区域、同行业的薪酬发放额度，并以此来作为对标的标准。

3. 岗位价值评估

这是薪酬管理体系的第三步。很多的专业课程上都讲过不止一种"岗位价值评估方法",但好像每一个工具都不太适用,这是因为每项较为通用的工具都没有经过定制化调整而导致的。我们经常看到一些咨询师用"28因素法"对岗位做评估,但客户都不太满意,认为没有评估出岗位的真正价值,这是因为咨询师没有对工具进行调整,也不管企业到底重视哪个因素,"一股脑儿"地都用上去了,结果企业关心的没评估出来,企业不关心的评估出不少。

4. 职级与薪级薪档

这是薪酬管理咨询的第四步,也是比较见功底的一个步骤,因为该步骤需要大量的公式与计算。薪酬额度怎么定?如何计算自身企业的薪酬分位值?如何正确使用外部薪酬数据?这些工作都是有公式的,而非单纯的排列组合。

5. 附属文件完善

该步骤是大部分管理咨询项目均要完成的内容,是完善制度与文件的步骤,由于在之前的步骤当中,已经完成了对数据、薪级薪档等内容的优化,确保了实施基础,所以需要将已经设计完成、共同确认的内容体现在管理制度当中,并形成附属的操作表单,这才是正常步骤,而非一上来就写制度。

6. 试运行与纠偏

这是最后一个步骤,即将已经完成的操作文件与制度应用在实际的管理场景当中,并进行及时纠偏。

通过上述内容与图示可以了解想要做好薪酬管理咨询，并非简单的文字游戏，而是应当具备市场标准与数据保障的设计与计算工作。

12.3　企业薪酬体系咨询工具

薪酬管理咨询过程中常用、好用的工具能够帮助管理咨询师自如地操作薪酬管理咨询项目，并获得客户的满意。无论是管理咨询师还是企业中高层管理者，我们相信这都会是一套实用的管理工具。

1."薪酬总额策略"筛选工具

薪酬管理咨询项目的操作步骤中第一步的重要意义在于明确薪酬的调整策略。此步骤既是企业经营与薪酬管理相互结合的过程，更是确保薪酬调整结果有效落地的根本。在调整薪酬之前要留好余地，如果薪酬总额已经快要接近"天花板"了，那么涨薪就不再是一个应该马上考虑的问题，而是要优化结构，增加奖金调控方式；如果经营顺畅，盈利空间较大，则可以考虑增加薪酬总额，激励并强化员工的归属感。所以，薪酬咨询不是简单的涨薪、降薪或凭着感觉来定，而是要在企业可承受的范围内，给出一套能够激励员工的方法。"薪酬总额策略"筛选工具 1 如表 12-1 所示。

表 12-1　"薪酬总额策略"筛选工具 1

策略/维度	利润空间		产品技术		管控现状		人才现状	
维持/调整	较低 ±5%～10%	1分	产品竞争	1分	直接指挥	1分	不充足	1分
改善/提升	一般 ±10%～15%	2分	市场竞争	2分	塔式管控	2分	一般	2分
强化/创新	较高 ±15%～20%	3分	行业领先	3分	文化管理	3分	较充足	3分

此工具的关键点在于，以利润空间、产品技术、管控现状及人才现状为基础维度，综合评价企业目前的运营水平与运营能力，并以打分的方式来简单、快速得出最后的选择结果，为薪酬管理咨询打好基础。

（1）利润空间。

这是调整薪酬体系需要考虑的第一维度。简单地说，就是企业到底挣了多少钱？不同的利润空间，对于薪酬调整的尺度有着不同的方法。

（2）产品技术。

这是企业核心竞争力的来源，企业产品技术的领先地位与程度，代表了企业在薪酬领域还有多少"闪转腾挪"的余地。

（3）管控现状。

企业的管理模式间接代表着企业的管理水平，从"人治"到"法治"也代表着企业管理与盈利能力的提升。

（4）人才现状。

人才的多少与质量反映企业对于人才的价值认同感及可持续发展的能力，更反映着未来可能付出的成本方向。所以，人才现状也应被列入企业运营水平的判断维度当中。

通过上述工具不但可以了解能够判断企业运营水平的维度，还可以对各维度进行打分，最终得出一个适合自身企业的得分，而得分的不同也代表着不同的薪酬策略。"薪酬总额策略"筛选工具2如表12-2所示。

表12-2中，得分有三个档位，不同的得分范围有着不同的策略选择。

表12-2 "薪酬总额策略"筛选工具2

得分	结论与策略方向
4～5分	经营优势较少，运营能力较弱：不宜大动，建议控制薪酬总额，增加奖金调控方式
6～9分	经营活力尚可，提升运营绩效：部分改善，建议调控薪酬总额，提升人均绩效
10～12分	经营后劲充足，打造优势团队：优化创新，增加薪酬总额，强化责任/归属感

（1）4～5分。

如果得分在这个范围内，则说明企业目前的经营优势较少，还不能"大刀阔斧"地进行薪酬改革，且应对"内部动荡"与"市场动荡"的能力较弱。建议在此得分区间内的企业管控薪酬总额，即不做过多甚至不做总额增长，且增加奖金调控方式，更多去肯定具有关键价值的员工。如果在这个阶段强行增加薪酬总额，很可能会有资金链断裂的风险。

（2）6～9分。

如果得分在这个区间内，则说明企业目前的经营活力尚可，具备一定的应对"内部动荡"与"市场动荡"的能力，可以尝试进行一些薪酬的增长或下降，且以提升人均绩效为导向，以此拉动员工的绩效结果与价值。

（3）10～12分。

如果得分在这个区间内，则说明企业的运营水平较高，经营后劲充足，基本已经处于市场领先状态，具备较强的应对风险的能力。此时，适宜打造优势团队，增加薪酬总额，塑造人才价值观与员工归属感，让薪酬为企业的基业长青继续发力。

通过上述判断方法可以得出企业在不同运营水平下的薪酬优化或调整策略，也能够有效解决"薪酬总额调整策略问题"。

2."市场薪酬报告"分析工具

在现今的薪酬管理咨询过程中,一些管理咨询公司或管理咨询师会通过向外部购买"薪酬报告"的方式得到市场薪酬数据,但是外部的市场薪酬报告也需要分析,而不是简单拿来就能用的。现在介绍一种针对薪酬报告的分析工具,以此可以对外部市场薪酬报告有更深的体会与辨别能力,"市场薪酬报告"分析工具如表12-3所示。

表12-3 "市场薪酬报告"分析工具

分析维度	×××岗位	×××岗位	×××岗位
所属行业			
薪酬区域			
薪酬总额			
薪酬结构			
获取途径			
样本数量			

此工具的关键点在于,通过六个维度有效辨别市场薪酬报告的实用性、针对性与可信性。

(1)所属行业。

即所调研行业与自身所处行业是否为同一行业。如果企业属于高新科技行业,但调研行业却是房地产行业,则无论数据有多么精准,也是无法投入使用的。

(2)薪酬区域。

即所调研区域与自身所处区域是否为同一区域。现在很多薪酬报告当中都能看到"区域薪酬系数"这一项内容,那么就需要明确目标区域数据的计算方式。如果企业处于北京,但调研的区域却是广州,那么无论这个数据有多么合理,也是无法真正投入使用的,因为区域之间的

GDP、居民消费水平等情况均有所区别。

（3）薪酬总额。

即所调研数据的总额涵盖范围与自身数据的涵盖范围是否一致。大部分薪酬报告当中都有对于数据的基本解读，即这份报告里的数据涵盖范围或统计口径，有些是包含奖金的，有些则只是包含12个月薪酬的，不同数据有不同的对标方法。

（4）薪酬结构。

即所调研数据的结构组成与自身数据的结构组成是否一致。有些报告当中的结构已经包含基本工资、绩效工资及津补贴，但也有些企业在做薪酬调整时尚未划分基本工资与绩效工资等构成比例，此时就需要明确结构组成，为优化提供参考。

（5）获取途径。

即获得数据的方法。有些报告当中会说明本报告的数据获取渠道或途径，但也有些报告不会明确说明，此时需要慎重选择购买行为，因为一旦数据来源不明，则会出现数据"虚高"或"虚低"的情况，不仅无法反映市场真实水平，还容易为决策提供偏差依据。

（6）样本数量。

即同行业、同岗位的样本数量。每家企业，包括管理咨询公司买薪酬报告时都希望数据准确，那么样本数量的多少则能反映该数据的普适程度。如果同一岗位薪酬，A企业支付10000元，B企业支付10000元，并不能轻易断定这就是市场水平，但如果有20家、30家企业也是支付10000元左右，则结果更有权威性。虽然无法列出所有的样本，但样本数量越多，数据的准确性也就越高。

通过上述工具可以更好地判断市场薪酬报告的有效性或真伪，也能更好地为薪酬调整工作提供数据支撑。

3. "岗位相对价值"评估工具

岗位价值评估的工具有不少，比如海氏评估、美式评估及 28 因素法等。可是这些方法在实际使用过程中，客户总感觉用得不准确，管理咨询师也感觉无法自圆其说，这其中既有着大环境的影响，也有着适用性及实用性考虑不足等情况。以下是一种经过多年管理咨询项目检验的、更为简便也更加容易获得客户认可的评估工具，"岗位相对价值"评估工具如表 12-4 所示。

此工具的关键点在于，通过四个维度全面考虑体力、时间、精力、情绪等易被忽视的评价因素，并以较为简单的评分方式获得最终的结果，确保各岗位的员工均能认可且掌握，同时也为打分工作提供便利。

（1）付出—时间与体能。

此维度考虑工作时间与体能的付出情况，其中通过与客户的确认与沟通，对工作时间、延时加班、工作强度及环境姿态四个细分维度进行描述与确认。很多工作内容不仅是和人打交道，还和机器设备打交道，且很多工作虽然知识含量不高，但体力消耗却很大，比如售票员、超市销售员、交通指挥员等，几乎一站就是一天，相较于写字楼白领，不可谓不辛苦。所以在评估过程中，这些内容必须考虑在内，才能获得各层级员工的全面认可。

表 12-4 "岗位相对价值"评估工具

分值/维度	1. 付出—时间与体能	2. 付出—精神压力	3. 技能—专业与经验	4. 技能—协调保障
	定义：工作时间、工作强度与环境；包含：体能消耗、工作时间等	定义：对精神与心理的影响因素；包含：效率压力、精神/情绪压力	定义：完成工作需要的技术、经验；包含：专业/系统技能、解决技能	定义：组织、协调与保障能力；包含：协作解决及优化改善等
简单 1分	工作时间	效率压力	系统知识	工作组织
	延时加班	业绩压力	专有资质	异常解决
	工作强度	精神集中	专业经验	保障目标
	环境姿态	情绪伤害	技术提升	优化改善
一般 3分	工作时间	效率压力	系统知识	工作组织
	延时加班	业绩压力	专有资质	异常解决
	工作强度	精神集中	专业经验	保障目标
	环境姿态	情绪伤害	技术提升	优化改善
努力 5分	工作时间	效率压力	系统知识	工作组织
	延时加班	业绩压力	专有资质	异常解决
	工作强度	精神集中	专业经验	保障目标
	环境姿态	情绪伤害	技术提升	优化改善
复杂 8分	工作时间	效率压力	系统知识	工作组织
	延时加班	业绩压力	专有资质	异常解决
	工作强度	精神集中	专业经验	保障目标
	环境姿态	情绪伤害	技术提升	优化改善
高难 10分	工作时间	效率压力	系统知识	工作组织
	延时加班	业绩压力	专有资质	异常解决
	工作强度	精神集中	专业经验	保障目标
	环境姿态	情绪伤害	技术提升	优化改善

（2）付出—精神压力。

此维度考虑工作内容对精神状态与情绪的影响程度，并需要与客户共同对效率压力、业绩压力、精神集中及情绪伤害内容做出细分与确认。记得之前在做项目时，有人说做销售真好，总能出差，不用打卡，还有提成可拿，那他的压力你想过吗？你愿意像他一样背着业绩压力，还要承受客户很多的不当言语或指责吗？不错，很多岗位的工作量看起来确实不大，但其实心理压力却很大，需要极强的心理素质及心理修复能力。还有比如保险推销员，可能一天当中要面对几十甚至上百次的拒绝，这对其心理影响是很大的；再比如很多高管，你看着他每天坐在办公室里，实则他承担着总经理甚至董事会的严格考核与业绩要求，也许体力消耗不大，但对心理的冲击是极大的。这些问题在岗位价值评估过程中，都是需要考虑在内的，这样才能做到相对公平。

（3）技能—专业与经验。

此维度考虑完成工作所需要的专业技术与经验水平，应对系统知识、专有资质、专业经验及技术提升四个细分维度进行描述与确认。有些工作需要专业知识、有些需要熟能生巧、有些需要技术迭代，不同的工作内容需要不同的专业技能。在此过程中，员工为此所付出的学习、锻炼及提升等努力，都需要得到肯定与认可。

（4）技能—协调保障。

此维度考虑开展工作所需要的组织、协调与统筹保障能力，应对工作组织、异常解决、保障目标及优化改善四个细分维度进行描述与确认。在日常工作过程中，很多时候不能完全以"专业"打天下，而需要有情商、有口才、懂人性，所以良好的协调能力与保障能力也是应当考虑的范畴。这些能力有些是通过长时间的经验积累而来的，有些是来源于天赋，比如有些员工其实没学过"跨部门沟通"等技能或课程，可是他总是能让其他部门或人员积极地帮他，这就是他与生俱来的"天赋"。但不管是通过什么而得来的，都是应该考虑在内的因素。

上述四大维度几乎涵盖了所有的工作岗位与内容，无论是以"体力"吃饭的、以"经验"吃饭的、以"专业"吃饭的、以"情商"吃饭的、以"心理"吃饭的，还是以"管理"吃饭的，都能在评估工具中找到一席之地，且每一个细分维度均应由咨询师与客户共同确认，避免制式工具所带来的"强制接受"。另外，每个岗位均是一个"集合体"，有的维度得分多，有的维度得分就少，但要让员工看到也了解到他们是被在意和被关心的。这时，员工是能接受评估的，岗位价值评估在于领导关注的定制与全面，也在于员工的认可与接受，而员工的认可，不是看你有多专业，而是看你有没有将其所面对的工作特性与特征考虑在内，你考虑了、在意了，岗位价值评估是不难推动的。

4. "薪酬体系"计算工具

这是体现薪酬咨询功底的一种工具，或者说一套公式。在测算薪级薪档数据的时候，需要的是有方法的计算，而非碰运气的"试"。

（1）计算自身企业的薪酬分位值。

因为市场薪酬报告所体现的薪酬数值通常都是10%分位值、25%分位值、50%分位值、75%分位值及90%分位值这几个数据，如果不清楚自己企业各岗位/各层级的薪酬分位值，如何与市场对标呢？如果只是凭感觉、凭经验，那还有专业和客观可言吗？所以，这是每一位管理咨询师或企业中高管必须掌握的内容，以下用一份数据来说明，薪酬数据（例1）如表12-5所示。

表 12-5　薪酬数据（例 1）

1	2	3	4	5	6	7	8
1500	2500	3300	4200	5700	6500	7000	8000

上述是一份较为杂乱且没有规律的数据，如何在此基础上得到各项分位值呢？有以下八个步骤。

①所有数值"从低到高"依次排列。

②计算间隔。公式：N-1，"N"代表数据的数量，上述一共有 8 个数据，所以间隔为 7。

③计算分位间。公式：间隔 / 部分，常规方式只须计算两个即可，即"4"与"10"，故而通过 7/4、7/10 得出两个数值，即 1.75、0.7。

④计算 10 分位数值。位置公式：1+ 分位间，数值公式：前一数值 +（前后数值差）× 位置，所以 10% 分位值在第一个数值与第二个数值之间"0.7"的这个位置，代入位置公式可得 1.7（1+0.7），之后再代入数值公式后的最终数值为 2200。

⑤计算 25 分位数值。代入位置公式，可得 25% 分位值在第二个数值与第三个数值之间"0.75"的这个位置，之后再代入数值公式后的最终数值为 3100。

⑥计算 50 分位数值。位置公式：1+ 分位间 ×2（由于之前已经计算出了 25% 的分位间，故直接"×2"即可），代入位置公式，可得 50% 分位值在第四个数值与第五个数值之间"0.5"的这个位置，之后再代入数值公式后的最终数值为 4950。

⑦计算 75 分位数值。位置公式：1+ 分位间 ×3（由于之前已经计算出了 25% 的分位间，故直接"×3"即可），代入位置公式，可得 75% 分位值在第六个数值与第七个数值之间"0.25"的这个位置，之后再代入数值公式后的最终数值为 6625。

⑧计算90分位数值。位置公式：1+分位间×9（由于之前已经计算出了10%的分位间，故直接"×9"即可），代入位置公式，可得90%分位值在第七个数值与第八个数值之间"0.3"的这个位置，之后再代入数值公式后的最终数值为7300。

通过上述工具与步骤就得到了杂乱无章的数据的各项分位值，薪酬数据（例2）如表12-6所示。

表12-6 薪酬数据（例2）

10%分位值	25%分位值	50%分位值	75%分位值	90%分位值
2200	3100	4950	6625	7300

通过上述方法可以得到与市场薪酬数据相比较的基础，即相同分位值的有效比较。在实际操作过程中，需要以岗位层级为划分依据，依次计算出每一层级的薪酬分位值。

（2）识别基础测算值。

这是建立薪级薪档表的第二步，在明确了市场薪酬数据且找到自身数据与其的对标标准之后，就需要明确几个基础数值，即中位值、最大值、最小值及带宽值。对于中位值的确定，管理咨询师可与企业共同分析确定，比如以市场薪酬报告的中位值为准，也可以将其他分位值的数据作为中位值（企业根据自身薪酬数据所计算得出的分位值，与市场数据进行对比分析），然后再以确定的中位值为基础，运用公式倒推其他几个关键数值，并逐步确定薪级薪档表，如下所示。

①最大值（Max）：2Mid-Min。

②最小值（Min）：2Mid/（2+W）。

③带宽值（W）：（Max-Min）/Min。

因为之前已经确定了中位值，所以通过简单的计算方法就能得出最大值与最小值,而这其中可能有一些需要测算的地方,就是带宽值(W),带宽值(W)的测算基准如下。

① 100% 是常规测算值。

② 200% ~ 400% 是宽带薪酬常用的测算范围。

③ 40% ~ 50% 是窄带薪酬常用的测算范围。

通过上述公式与方法可以得到薪级薪档表当中的最大值、中位值、最小值与带宽值。此时,薪级薪档表的大部分数据已经具备,但还缺一些内容,那就是每一个薪酬额度之间的差值或比值,这就是下面要讲的第三步。

(3)计算等差、等比数据,完成薪级薪档表。

企业在设计薪级薪档表的过程中经常会遇到一个问题,那就是每一个薪酬数额之间的"额度差"到底应该是多少?是 500 元一个档位,还是 1000 元一个档位?基本都是"试"出来的,可心里总是不踏实,因为老担心自己"试"错了。但实际上,这也是有公式的,如下所示。

①等差数值公式,即每一薪档的增加额度是一致的,公式:(最大值 - 最小值)/(X-1),其中 X 为薪档数量,在此给出一个常规方法,那就是薪档的数量一般为奇数较好,也就是 7、9、11、13、15 等。当然,企业也可以根据实际情况进行确定。

②等比数值公式,即每一薪档的提升幅度是一致的,公式:(最大值 / 最小值)× [1/(X-1)]。

通过上述计算公式与操作方法可以得出同一薪级之间的最大值、中位值、最小值、带宽值及等差/等比差额值,完成一个薪级的设计。而其他薪级,以此类推进行设计即可。在设计过程中需要注意的是,对自身数据的整合、汇总与计算,以及与市场数值之间的对标确认,之后就是公式代入了。以上是薪酬管理咨询的核心逻辑与关键方法。

CHAPTER 13

企业人力资源管理—绩效体系

13.1 企业绩效管理的意义

说完薪酬管理,就不得不提绩效管理。在管理咨询项目洽谈或需求对接的时候,我们经常发现薪酬与绩效这两个概念是同步出现的,改薪酬就要调绩效,做绩效就要动薪酬,事实上也确实如此。那么,绩效管理作为与薪酬体系息息相关的管理体系,又作为另外一个能够充分体现人力资源管理水平或水准的管理模块,其到底应该怎么做呢?

其实,现在很多企业在做绩效,也在强调绩效的重要性,但真正做好的,却是少之又少,而且还会衍生出一些错误想法,如"绩效管理的事情,就是人力资源部的事情""绩效考核,有领导在其中进行平衡呢,做一做就算了,没什么真正价值"。如此操作,绩效管理俨然已经成了"鸡肋"一样的存在,食之无味,弃之可惜,甚至有企业要废除绩效，因为绩效影响了企业的发展，影响了企业内部的团结，可事实真是这样吗？

1. 对绩效的错误认知

（1）绩效管理主要是指标，只要把指标罗列好就行了。

这是现在一部分管理咨询公司在交付绩效管理咨询成果时的主要内容之一。换句话说，从管理咨询公司的角度，对绩效的理解就有些偏差。绩效指标确实是绩效管理体系当中的重要环节，但如果仅有指标却没有场景支撑的话，指标其实是无法使用的，因为绩效指标是工作内容、工作过程及工作结果的综合体现。所以，指标并不是复制粘贴，而是提炼，且在提炼之后还应当辅以"场景"的支撑，即告诉企业、告诉领导，应该在什么时间、什么条件及什么场合下方能使用什么指标，就是为绩效指标的使用、更换与更新提供一根"指挥棒"。这时，绩效指标才拥有了"生命力"与可持续发展的基础，而非一个冰冷的Excel表格。

（2）绩效管理把工资调整好就行，只要员工不抵触就是好绩效。

从管理咨询项目结项的角度来看，不能说这句话是完全错的。确实，如果想要让绩效管理体系顺畅落地，员工不抵触是非常必要的，但如果员工说什么管理咨询师就写什么，员工是不抵触了，可领导能同意吗？反之亦然，如果领导说什么管理咨询师就写什么，领导满意了，可员工能接受吗？绩效结果确实与绩效工资挂钩，但绩效的最终目的并不是调整工资，而是要形成对工作效率、工作质量及工作结果的保障，从而最终提升企业的运营效率。如果仅带着"调工资"的想法推进绩效管理咨询项目，一定会顾此失彼，不仅误导了客户，还让自己"难以自拔"。

不仅如此，我们还发现一个现象，当领导想通过绩效结果来衡量员工价值的时候，大家的分值竟然差不多，几乎拉不开差距。这是因为很多中层领导在把握着这个"平衡度"，可到底谁更优秀呢？谁更有价值呢？奖金到底应该给谁呢？绩效到底意味着什么？应该如何正确理解呢？

2. 正确理解绩效概念的两个关键思路

（1）绩效是工具。

很多人可能觉得绩效是体系，是管理，是一套能够提升企业与员工业绩的方法。绩效其实就是工具，是能够影响和支撑企业运营的工具。无论是企业领导、中高层管理者还是管理咨询师，都必须站在企业运营的角度来看待绩效，而在企业运营过程中，运营顺畅与经营有序才是终极目标，除此之外的其他任何内容，都是"工具"，只是不同工具会存在不同的功能及不同的支撑方向，但无一例外的是，每一个工具的作用都在于支撑企业运营，任何一个工具都没有单独存在的意义。所以，薪酬也好、绩效也好、培训也好、组织也好、流程也好、制度也好，都是"工具"，都是为了企业运营目标而存在的。而绩效这个"工具"的功能，就是支撑奖惩与用人决策的依据。谁的价值高，谁的价值低，都应该有一个结论，然后再以这个结论为依据，确定奖惩与人员的使用。可能有人会觉得有些不近人情，但是，企业运营不是"过家家"，更不是"做公益"，所有工作必须有结果，必须有结论，也必须有能够支撑决策的依据，否则一直"拍脑袋"，那真的就是在"碰运气"了。

（2）绩效要服众。

所谓服众，并不是员工说什么就是什么，如此妥协只可能让员工越来越"肆无忌惮"；当然，也不是领导说什么就是什么，这样做只可能让员工越来越远离。真正的服众是要权衡"专业"与"现实"之间的距离，这个"距离"要拿捏到位，做到既能够从专业角度向员工说明体系设计的必要性及收益点，又能够从现实角度向领导解释员工的不易与价值点。在员工心里塑造领导的权威与关怀，在领导心里树立员工的忠诚与价值，这才是绩效能够落地的关键。

基于对上述两个思路的解读，就能将绩效的概念较为清晰地表达出来了。绩效管理是企业运营的工具、衡量相对价值的方法及服众的体现。简单地说，如果你的绩效管理体系能够站在企业运营角度，能够有效衡量出员工的优劣（仅从对企业运营的价值角度出发，并非讨论人性、素质或品质等内容）且能够获得领导与员工的认同，那你的绩效体系一定实施有望。

3. 绩效管理咨询项目的四层需求

作为一名管理咨询师，如果从绩效咨询项目的交付角度出发，判断绩效管理咨询需求尤为重要，绩效管理咨询项目的四层需求模型就是其重要工具，如图13-1所示。

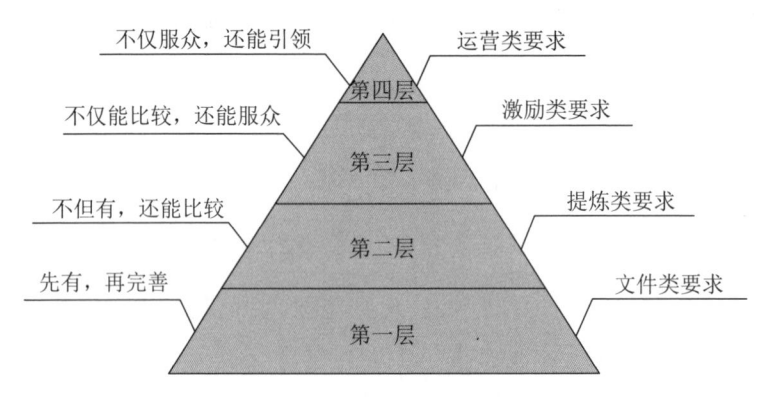

图13-1 绩效管理咨询项目的四层需求模型

第四层：不仅服众，还能引领 —— 运营类要求
第三层：不仅能比较，还能服众 —— 激励类要求
第二层：不但有，还能比较 —— 提炼类要求
第一层：先有，再完善 —— 文件类要求

从上述图示可以看出，不同的咨询需求有着不同的工作要求，具体分为四层。

（1）文件类要求。

此类要求往往出现在初创型企业的咨询项目当中。因为企业此时尚处于初步发展阶段，还未在市场上站稳脚跟，所以员工也好、领导也好，都没有太多心思去想管理的事情，几乎一心全放在业务与挣钱上。所以，此时的绩效需求是"有"就行，即先将文件基础打好，然后再进行版本更新。

（2）提炼类要求。

此类要求基本出现在成长型企业的咨询项目当中。因为企业此时已经基本站稳脚跟，也具备一定的经营与人才基础，所以逐渐有了管理需求，需要将"管理能力"与"盈利能力"拉平。对于这个时候的绩效体系，单纯的制度已经解决不了问题，而是应当从业务流程与工作职责入手，提炼贴近工作实际情况的指标内容，做到不仅有规范，还能给出员工优势与劣势所在的依据。

（3）激励类要求。

此类要求总是出现在成熟型企业的咨询项目当中。此时企业不仅能够在激烈的市场竞争中顺应生存，更承担着一定的"创新""研发"等使命与职责，故而对人才的吸引及保留要求也就随之而来。所以，此时的绩效体系应当在考量价值的同时，更加讲求激励作用，做到不仅能吸引人，还能留住人。

（4）运营类要求。

此类要求经常出现在鼎盛期企业的咨询项目当中。此时的企业在经营方面已经具备一定之规且能够形成自主闭环，各项业务的产品、工艺、质量、团队与效率也已经成型，能够做到有序运转且具备应对市场风险与内部风险的能力。接下来的重要任务就是细分管理领域，走出管理特色，同时具备管理体系的自我修复能力。所以，绩效体系的运作不仅在于单纯的考核与评价，而需要在企业运营层面具备一定的引领作用，即能够通过绩效指标的确定、绩效任务的下达及绩效考核的推进，指明工作重点并调整工作习惯。此举需要从业务流程、岗位职责等维度进行设计，尽可能避免"理论"与"实际"的脱节。

通过对上述关键思路及重点模型的了解，企业才能够有效地将绩效的概念植入脑海当中，正确地看待绩效的作用，不"神话"也不"贬低"它，是做好绩效的重要基础。

13.2 企业绩效体系咨询的步骤

如同其他管理咨询项目一样，绩效管理咨询也需要对咨询的步骤进行斟酌与设计，良好有序的操作步骤是确保绩效管理咨询项目成功的根本保障之一。

绩效管理咨询项目实施步骤如图13-2所示。

◆ 第一步：业务与体系诊断 ◆ 绩效体系完善离不开现状与客观之间的差距，优先明晰遗漏内容是前提	◆ 第二步：绩效运行诊断 ◆ 明确现有绩效体系运行过程中的阻碍因素，并结合阻碍因素形成体系框架	◆ 第三步：绩效指标提炼 ◆ 根据业务情况与运行阻碍，综合提炼绩效指标，避免遗漏与阻碍情况再度发生
◆ 第四步：指标实操设计 ◆ 结合绩效指标提炼结果，对指标结果的衡量方法等给出明确依据，便于实操	◆ 第五步：附属文件完善 ◆ 结合设计结果与管理习惯，调整完善《绩效管理制度》等系列文件	◆ 第六步：试运行与纠偏 ◆ 将调整后的相关文件投入试运行，根据试运行结果进行针对性纠偏

图13-2 绩效管理咨询项目实施步骤

1. 业务与体系诊断

这是绩效管理咨询的第一步。其中业务诊断在于要详细了解企业业务现状及重要节点，以便于更加贴切地设计绩效指标与绩效标准等内容，如果不了解企业业务情况及业务流程，只用一些模板类的指标去"套"，那么无论改多少遍都是无法满足客户要求的。另外，在绩效管理咨询项目的推进过程中，需要对绩效体系的完整性进行分析，这是很多管理咨询师都不重视的工作，简单地说，就是明确企业现在的绩效管理体系到底有哪些文件是欠缺的？有哪些文件是应当在现阶段补充的？有哪些文件是可以相对放缓的？这一切的问题都在于明确标准且有效对标。

2. 绩效运行诊断

在实施管理咨询项目的时候，经常会出现书本上学习到的知识与实践当中的情况总是不一样。尤其在人力资源管理领域，经常有一些学完人力资源一级的学员问我们，为什么一到实际操作过程中，他们学到的知识都用不上？其实不是用不上，而是在使用过程当中欠缺了一些环节。在绩效管理咨询项目上，这第二步就是将"理论"与"实际"相结合的关键，即绩效运行诊断工作。此项工作不同于问题类的诊断，而是阻碍类的诊断，即在文件、体系基本健全的情况下，找到阻碍体系合理运行的情况，并加以改善的过程。在企业运营过程中，每一项工作所面对的都是活生生的人，每个人都有想法与思路，所以很多时候，即使是科学、合理的体系，也会由于影响到某一部门或某些人的工作习惯与利益而受到阻碍，这并非是体系不专业导致的，而是由人性引起的，这些内容在书本上是几乎不可能学到的，但却是影响绩效落地的关键步骤。

3. 绩效指标提炼

明确了应当补充哪些专业文件，找到了阻碍体系运行的原因，接下来就需要开展绩效体系当中的重要工作，即绩效指标提炼。到底考什么？评价什么？员工到底应该对哪些工作内容及指标提起重视？如何通过绩效指标拉动员工的工作质量与效率提升？这些都来源于两点：一是绩效指标应来源于业务，企业的业务运行顺畅，才能保证持续盈利，所以绩效指标应当确保找到业务运转过程中影响盈利的关键点，并通过一定的标准确保这些节点满足运行要求，最终保障业务运转的持续有效，而每一家企业的业务及流程均有所不同，必须专项设计，这也是为什么用模板行不通的原因；二是绩效指标应来源于实际，简单地说就是"考的"和"干的"是一回事儿。绩效体系运行出现问题的原因，有很大一部分都来源于绩效指标与实际工作不相符，员工每天工作的内容不在考核范围内，"考的"反而是一些员工平时不做的工作，换作是我们，也会有所抵触。而这两点，应是先来源于业务，再来源于实际，不可颠倒顺序，即通过业务提炼绩效指标，并结合员工实际工作内容，引导员工的工作行为逐渐贴近绩效指标与业务重点，不要想着"一口吃成胖子"，绩效是一个逐渐拉动、逐渐拉近的过程。

4. 指标实操设计

这又是一个关键且被很多管理咨询师忽视的步骤，即通过专业工具确保所设计的指标能用且能够"举一反三"。这其中的关键在于绩效指标的提炼方法与衡量方法。

5. 附属文件完善

作为企业运营过程中的关键体系之一，绩效管理体系不能仅凭一张嘴来说，还需要有落实在纸面上的规则、原则、要求及申诉等内容。故完善绩效管理体系的相关制度、文件及表单等，是绩效管理咨询项目实施的第五步。由于在之前的诊断、评估与设计过程中已经摸索与探讨出了绩效运行的规则、原则及实施过程中对于各类指标的要求，所以此步骤是将确定的内容进行整合编制，而非单纯的"冥思苦想"。

6. 试运行与纠偏

这是所有管理咨询项目均需要确保的一步，即通过试运行工作的推进来收集工作场景，找到运行纰漏，并确保进行及时调整，以便于体系正式发布后的顺畅执行。

13.3　企业绩效体系咨询工具

作为一名合格且优秀的管理咨询师，仅了解管理咨询项目的推进步骤是不够的，还需要掌握每一个步骤实施过程中所需要用到的关键工具，以及不同工具的使用技巧，只有这样才能够确保在各类情况面前灵活应对。

绩效管理咨询项目的实操工具有以下几种。

1. "绩效体系"诊断工具

此诊断工具更倾向于文件的完整性诊断。在实际工作过程中，经常会有领导问道："绩效体系到底应该包含哪些文件？本次咨询项目又会给我哪些文件？"其实很多领导对绩效体系的文件类别与内容是不太清楚的，也正是因为不清楚，所以很多领导在面对绩效管理咨询成果的时候，很难判断做得好不好或对不对，因为他们没有一个可以参考的标准。如果此时管理咨询师的展示或引导比较好，结果就很可能是"满意"的，可这个"满意"是虚假的，因为这只是沟通层面的满意，并非对于结果的真正满意。绩效文件"完整性"诊断工具是评价、判断与辨别绩效体系文件完整性的方法，如图13-3所示。

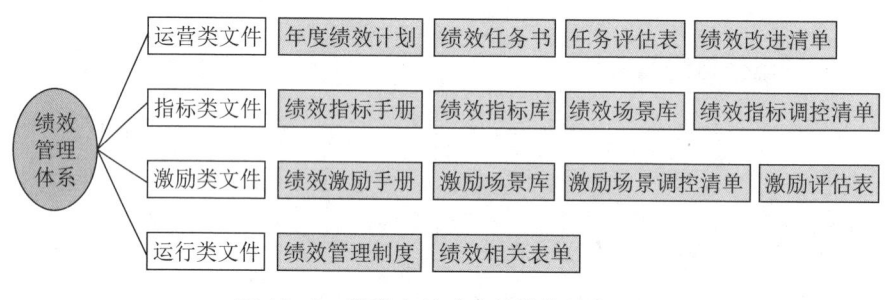

```
                  ┌─ 运营类文件 ── 年度绩效计划 │ 绩效任务书 │ 任务评估表 │ 绩效改进清单
  绩效              ├─ 指标类文件 ── 绩效指标手册 │ 绩效指标库 │ 绩效场景库 │ 绩效指标调控清单
  管理   ──────────┤
  体系              ├─ 激励类文件 ── 绩效激励手册 │ 激励场景库 │ 激励场景调控清单 │ 激励评估表
                  └─ 运行类文件 ── 绩效管理制度 │ 绩效相关表单
```

图13-3　绩效文件"完整性"诊断工具

此工具的关键点在于，通过四个维度将绩效体系文件分为四大类，能够帮助客户按照"逐一对应"的方式来审视目前绩效文件的欠缺之处，以及为应该补充哪些文件提供参考依据，既确保了对绩效体系的了解，又保障了客户对管理咨询成果的评估。而作为管理咨询师，要"提升企业管理水平，完善企业管理体系"，可如果连体系到底有什么都不知道，又谈何完善呢？

（1）运营类文件。

这是第一类绩效体系文件，此类文件的特征在于"定调"，即明确绩效任务、绩效计划、任务结果与标准，以及重点改进措施等内容，是企业年度工作重点与工作任务的主要导向，也是指导绩效体系实施与领导思路的体现，因为其完成与否直接影响到企业的运营情况，所以被称为"运营类文件"。

（2）指标类文件。

这是第二类绩效体系文件，此类文件的特征在于"管控"，即通过对绩效指标库及指标场景库的设计，明确不同业务流程及业务领域的管控重点，并以指标的形式将其确定下来，以此来对各项业务及各流程的推进情况进行统筹管理。因为其更多是以可量化的指标形式出现，所以被称为"指标类文件"。

（3）激励类文件。

这是第三类绩效体系文件，此类文件的特征在于"保留"，即通过对激励手册、激励场景库等文件的完善，确保员工了解与明确企业的激励重点与激励方向，最大限度保留人才。很多时候，涨工资并不是保留人才的唯一方法，也许在十几年前可行，但现在不完全行，通过涨薪来留人已经从一个相对"稀缺"的方法变成了一个比较"普遍"的方法。如果只用这个方法，那么肯定会陷入"成本激增"的旋涡当中，但成本上升是一定的，可留人却是不一定的，因为无法完全确保涨薪幅度是市场上最具吸引力的。所以，目前企业应当脱离这个"旋涡"，通过激励体系来完成对于员工的保留。

（4）运行类文件。

这是第四类绩效体系文件，此类文件的特征在于"追溯"，即通过绩效管理制度及各项表单来规范绩效体系的操作，以及原则与底线。当绩效体系运行顺畅的时候，没人会想到天天查制度、看制度，可一旦出现绩效工资降低或奖金减少的时候，大家第一反应就是看制度是怎么规定的，是不是还有挽回的余地……当决策出现被抵触的时候，运行类文件要确保在审视或检查的时候，支撑决策的有效性及确保员工不会由于某些决策行为而出现变动，这就是所谓的"可追溯"。

通过上述工具可以为绩效管理咨询项目明确方向，即明确本次的优化重点是什么，有哪些文件的完成能够确保优化效果，这些不同文件的用途与存在意义又是哪些等，同时也让客户放心。

2."绩效运行"诊断工具

通过对绩效运行不同影响因素的区分与判断，帮助客户确定各项阻碍因素的调整策略及操作尺度，这是绩效管理咨询项目成功的关键之一。很多时候，管理咨询师会由于担心"动静"太大而有所保留，可如果不将阻碍因素摆在明面上说，客户与咨询师之间总是会存在各种矛盾，而这些矛盾就是导致管理咨询项目失败及绩效体系难以落地的症结所在。"绩效运行"诊断工具如表13-1所示。

表13-1 "绩效运行"诊断工具

"绩效运行"诊断		思路/方向	方式/方法	定向改善	备注场景
领导因素	缺乏/目标/管控/……				
部门因素	指标/操作/效果/……				
人力因素	体系/内容/沟通/……				
其他因素	客户/伙伴/渠道/……				
阻碍综述					

此工具的关键点在于，通过四类因素整合与分析可能造成绩效体系运行发生问题的各种情况，并为这些情况提前确定好相匹配的思路、方法及适用的场景，前置性解决和避免绩效落地危机，并与客户方明确操作尺度与范围。

（1）领导因素。

即由于领导思路、管理与决策风格而造成的阻碍因素，经常出现的场景是领导缺乏明确的指示，对目标定位模糊或缺乏过程管控理念等。比如，领导缺乏流程管理理念，认为流程不重要，结果才重要，由于领导对此管理理念的缺乏，可能导致全员不重视流程，继而所有节点的质量、效率与时间有可能失控，这一失控就是企业的"大危机"。而且，业务流程是绩效指标的关键来源之一，如果缺失这一关键环节，绩效体系就"形同虚设"了。

（2）部门因素。

即由于部门领导、部门工作习惯或特性而造成的阻碍因素，经常出现的场景是部门缺乏明确的考核指标，操作较为松散或部门领导对于效果的衡量缺乏定量要求等。比如，某部门领导的能力较强，业绩好，可为人比较随意，经常不按套路出牌，总是不遵守企业的制度与流程。企业舍不得开除他，可是不管又不合理。对于此类能力超群但不太"好管"的员工，可以采取一定的"承包"思路来处理，尊重特殊化，同时增加考核结果的多样化，以结果来"倒逼"部分行为的规范。

（3）人力因素。

即由于人力资源部门的专业能力、沟通方式等而造成的阻碍因素，经常出现的场景是体系设计不健全，成果内容不符合实际工作场景要求及沟通方式有误等。此类情况应当优先提升人力资源部的管理水平与设计能力，在具备一定专业能力的基础上，再将目光移至"领导因素"与"部门因素"上。

（4）其他因素。

即由于客户、渠道或市场变化而造成的阻碍因素，经常出现的场景是客户工作风格、渠道销售风格或战略合作伙伴的特性要求等。比如，客户希望每月中旬付款，可是企业的付款日为每月下旬，这就是两者规则之间的相互冲突，当然，这可以通过各类方式解决，但无疑会造成绩效指标在设计过程中对于标准的调整，那么此时可以启动灵活机制，对于特性场景设计特定的指标标准，以满足双方的原则与底线。

通过上述工具可以摆正、厘清绩效体系在运行过程中的各类影响因素，并提前为各类因素设计规避方式，避免由于某些特性原因而造成的绩效体系实施困难。

3. "绩效指标"提炼工具

这是绩效体系设计的关键工具，也是我们多年管理咨询经验的总结。在推进项目的过程中，我们总发现项目"卡"在了指标上，领导不满意、部门不接受、员工有抵触，好像管理咨询师怎么设计都不对。这种情况，一是设计过程中对各方面的实际情况了解与调研不足，设计得太过"理想化"或"框架化"，如此一来，无论领导、中层还是基层，都会很直接地认为管理咨询师不了解企业情况，形成情绪对立之后，工作就不好做了；二是设计方法不对，太过单一，比如，很多管理咨询师都是从岗位职责中提炼绩效指标的，这就属于方法单一化导致的客户不认可，因为有些企业没有岗位职责，即使有，也可能是直接复制粘贴而来的，那么想从一个不切实际的"岗位职责"当中提炼"贴合实际"的绩效指标，这无疑是"痴人说梦"了。基于"目标""行业标准""岗位职责""运营流程""工作权限""领导要求"的绩效指标提炼工具如表13-2至表13-7所示。

表13-2　基于"目标"的绩效指标提炼工具

1. 基于目标的提炼
定义：基于企业运营原理 包含：战略、效率、质量等细分内容
战略目标、经营目标 效率目标、客户目标
质量目标、人才目标 安全目标、士气目标

表13-3　基于"行业标准"的绩效指标提炼工具

2. 基于行业标准的提炼
定义：基于行业政策法规与基础实践 包含：技术、设备、操作等细分内容
法规标准、资质标准 规范标准、技术标准
设备标准、人员标准 规模标准、其他标准

表13-4　基于"岗位职责"的绩效指标提炼工具

3. 基于岗位职责的提炼
定义：基于岗位要求与工作任务 包含：职责、结果、协作等细分内容
工作职责、任职资格 工作结果、协作要点
工作环境、操作条件 否决指标、其他指标

表 13-5　基于"运营流程"的绩效指标提炼工具

4.基于运营流程的提炼
定义：基于业务流程与职能流程 包含：一级、二级、辅助等细分内容
业务流程、职能流程 一级流程、二级流程
辅助流程、保障流程 特性流程、其他流程

表 13-6　基于"工作权限"的绩效指标提炼工具

5.基于工作权限的提炼
定义：基于工作过程中的权限类别 包含：发起、组织、审批等细分内容
发起权限、决策权限 组织权限、审批权限
操作权限、监督权限 指导权限、其他权限

表 13-7　基于"领导要求"的绩效指标提炼工具

6.基于领导要求的提炼
定义：基于领导倾向与风格要求 包含：场景、条件、计划等细分内容
领导想的、领导要的 计划内的、计划外的
特定场景、特定时间 特性条件、其他情况

此工具的关键点在于，通过六种方式为客户提供多元化的、多样化的提炼方法，且能够适用于各类工作的特性与要点，同时也为指标提炼提供验证角度。

（1）基于目标的提炼。

即从企业运营目标而来的绩效指标。此类指标通常出现在战略规划、部门规划等内容上，是影响企业运营顺畅程度及彰显企业运营成效的关键，如战略目标、经营目标、效率目标、质量目标、安全目标及人才目标等，属于可分解及待分解的指标内容，需要通过细分的操作才能将其完整且有效地体现在各部门及岗位的工作要求上。

（2）基于行业标准的提炼。

即从行业法规或操作工艺标准而来的绩效指标。此类指标通常出现在生产与工艺流程上，是具备通用性与普遍性的操作要求，如技术标准、资质标准、设备标准及人员标准等，属于可以针对业务进行底线要求或硬性规定的指标，因为这些标准是完成工作、推进业务的基本要求。

（3）基于岗位职责的提炼。

即从岗位职责、工作要求及任职资格而来的绩效指标。此类指标通常出现在岗位职责说明书上，是判断员工能力与岗位价值的关键，如工作职责、工作结果、任职要求、操作条件及协作要点等，属于可以直接提炼且最为显性的要求，但前提是岗位职责说明书准确与规范。如果岗位职责说明书就不规范，"得过且过"，那么绩效指标也就很明显不会符合实际要求。

（4）基于运营流程的提炼。

即从业务流程与职能流程而来的绩效指标。此类指标通常出现在流程协作及重大节点的协同上，是决定流程效率及流程结果的关键，如一级流程、二级流程、风险流程等,属于较为贴近部门与员工实际工作情况、接受度较高的一类指标。

(5)基于工作权限的提炼。

即从与岗位层级相匹配的权限范围而来的绩效指标。此类指标通常出现在管理者或决策者的指标栏中,是考验其对于权限的运用及管控效果是否合格的关键,如审批权限、操作权限及指导权限等,属于管理者是否履责及履责结果是否有效的判断依据。

(6)基于领导要求的提炼。

即从领导要求或管理倾向而来的绩效指标。此类指标通常是各企业的差别所在,是考验对企业了解程度及领导对管理咨询师信任程度的体现,如特定场景、特定条件或特定时间的要求等,属于完全定制化但却不可缺少的指标类型。

通过上述工具可以找到不同岗位特性、不同领导要求及不同企业特征所需要的不同类别的指标,并结合指标的数量与权重来引导企业的管理倾向。在实际使用过程中还须考虑到不同的提炼结构,绩效指标的提炼结构如图13-4所示。

提炼结构一	提炼结构三
■ 工作周期+工作频率 ■ 工作结果+期望状态 ■ 适用:有标准、时效,能预测	■ 工作权限+使用频率 ■ 权限效应+影响程度 ■ 适用:非固定工作、体外循环

提炼结构二	提炼结构四
■ 工作流程+重点节点 ■ 节点工作+节点成果 ■ 适用:有流程、要求,能遵守	■ 特定场景+特定条件 ■ 工作效果+影响程度 ■ 适用:特性岗位、体外循环

图13-4 绩效指标的提炼结构

根据不同的绩效指标提炼维度，我们给出以上四类常用的提炼结构。

提炼结构一："工作周期 + 工作频率"或"工作结果 + 期望状态"。

此类提炼结构比较适用于有具体时间要求、标准要求，在一定程度上能预测工作结果的岗位，比如车间操作工、设备管理人员及维修人员等，在生产型企业运用较为广泛，通过标准的确定，告知员工管理倾向、侧重点及应达到或完成的工作结果。

提炼结构二："工作流程 + 重要节点"或"节点工作 + 节点成果"。

此类提炼结构比较适用于有具体的流程要求、关键节点，以及规则比较明确的企业，通过流程的规范、节点的明确及重点成果的获取来强调优化流程效率的结果，并同时对流程的精细程度进行反向验证。

提炼结构三："工作权限 + 使用频率"或"权限效应 + 影响程度"。

此类提炼结构比较适用于具有管理职责、工作具有非固定化且存在"体外循环"的岗位，通过对工作权限的使用频率来考量其管理水平。举个例子，如果一个管理者一有问题就找上级，完全不想解决方法，领导说什么是什么，那就丧失了管理与授权的初心。"关键问题的汇报次数"就是一个指标，变向要求管理者履行职责，不可有过多次数的上级汇报，但此指标需要其他指标协同，否则就会变成"知而不报"了。这些指标都是基于实际情况提炼而来的，能够帮助领导进行管理。

提炼结构四："特定场景 + 特定条件"或"工作效果 + 影响程度"。

此类提炼结构比较适用于有特定要求或体外循环的岗位，通过特定要求或具有特定节点的要求来对其进行管控。举个例子，临时项目组组长是基于某些特定项目要求而存在的，不属于常规岗位，一旦项目结束，很可能该岗位就会撤销，可既然是临时特定项目，那自然就有其存在的意义，所以此类岗位虽然不属于常规岗位，但仍然需要管控。此时，就需要特定的指标对其进行约束，确保其在项目周期当中的工作质量。

基于上述的提炼维度与提炼结构，就完成了对于绩效指标的设计工作，既具有特定性与实际性，又具有快速提炼成型的技巧与方法。

4. "绩效标准"实操工具

在完成绩效指标的设计之后，还需要进行绩效标准的设定，否则只有指标却没有标准，那照样无法进行绩效考核工作。很多管理咨询师认为绩效指标的标准均应该定量，如果不能定量，工作是无法衡量，或者是无意义的；当然，也有持相反观点的，认为绩效指标的标准应该定性，因为很多工作确实无法定量，但不能因为无法定量就忽视或无视员工的工作。在此，我们认为两者均有些绝对，因为企业运营过程中会有很多的特殊情况出现，所以，对于绩效指标标准的定义应该是"找到合适的衡量方法"，包括定性与定量，因为即使是定性的，也有一定的底线与要求。在标准设定时找到了平衡的方法，才是找到了将绩效落地的窍门，绩效指标的定量标准1、标准2和定性标准如表13-8至表13-10所示。

此工具的关键点在于，通过不同方法对定性与定量指标均做出可衡量的依据与标准，确保不同岗位特定的工作均能够满足其工作特定要求且员工认可的绩效指标标准。

（1）定量指标。

针对定量指标，我们在此给出正向完成率及负向完成率的两大类指标标准确定方法。其中正向完成率有标准式、门槛式及分段式三类细分方法；负向完成率有是非式、红线式、分段式及违规式四类细分方法。以上基本囊括所有定量类指标的标准确定方法。

（2）定性指标。

针对定性指标，我们在此给出及时性、准确性、评价式及是非式四种绩效指标标准确定方法。其中无论是底线论、标准论还是评价论，均具备一定的公式运用，确保定性指标的有效性。

通过上述工具可以完成绩效指标设计的关键一环，即对于绩效指标标准的确定及有效运用，不仅从指标提炼维度确保考核与实际工作的贴合度，还从标准维度确保指标的落地实施性。

表 13-8　绩效指标的定量标准 1

定量指标		
关键词	趋向性	计算公式
完成数/完成率（正向）	越高/多越好	标准式：N= 实际完成值；A= 目标值 得分 =N/A×100（超额不加分）
		门槛式：N= 实际完成值；A= 目标值；B= 门槛值 当 N≤B：得分 =0 分 当 N＞B：得分 =N/A×100（超额不加分）
		分段式：N= 实际完成值；A= 目标值；B= 门槛值；C= 分段值 当 C≤N＜A，少 1% 扣 X 分 公式 =100-（目标完成率 - 实际完成率）×100×X 当 B≤N＜C，少 1% 扣 Y 分 公式 =100-（目标完成率 - 实际完成率）×100×Y 当 N＜B：得分 =0 分

表 13-9　绩效指标的定量标准 2

定量指标			
关键词	趋向性	计算公式	
完成数/完成率（负向）	越低/少越好	是非式：	N= 实际完成值；A= 目标值 当 N≤A：得分 100 当 N＞A：得分 =0 分
		红线式：	N= 实际完成值；A= 目标值；B= 红线值 当 N≤A：得分 =100 分 当 A＜N＜B：得分 =100-(N-A)×100/(B-A) 当 N≥B：得分 =0 分
		分段式：	N= 实际完成值；A= 目标值；B= 红线值；C= 分段值 当 A＜N≤C，多 1% 扣 X 分 当 C＜N＜B，多 1% 扣 Y 分 当 N≥B：得分 =0 分
		违规式：	N= 出现违规的实际次数 A= 允许发生的违规次数 当 N＜A，得分 =100-N/A×100 当 N≥A，得分 =0 分

表 13-10　绩效指标的定性标准

定性指标		
关键词	趋向性	计算公式
及时性	越早越好	N= 实际完成时间 A= 计划完成时间 C= 超出计划时间的最长红线时间 得分 =100-(N-A)×100/(C-A)
准确性	越准越好	N= 出现错误的实际次数 A= 允许发生的错误次数 当 N＜A，得分 =100-N×100/A 当 N≥A，得分 =0 分
评价式	主观评分	N= 平价得分
是非式	完成/有否/通过	完成得 100 分，未完成得 0 分 未发生得 100 分，发生得 0 分 通过得 100 分，未通过得 0 分

5. "跨部门/岗位"衡量工具

在实际工作过程中，我们发现企业的各类需求层出不穷，对于绩效来说，领导有时不仅希望了解该部门/岗位在本领域工作的效果，还想知道不同部门/岗位横向比较的结果。一般在这个时候，管理咨询师会说由于部门性质不同，岗位工作重点不同，所以不能横向比较，这个理由说得通，但是领导未必接受。因为他从内心就想知道销售和研发谁干得好，行政与销售谁干得好，那么，此类需求到底怎么解决呢？以下是"跨部门/岗位"绩效衡量工具，可以确保管理咨询师在绩效指标有效完善的基础之上，通过跨部门/岗位的衡量，来满足客户的特定需求，如图 13-5 所示。

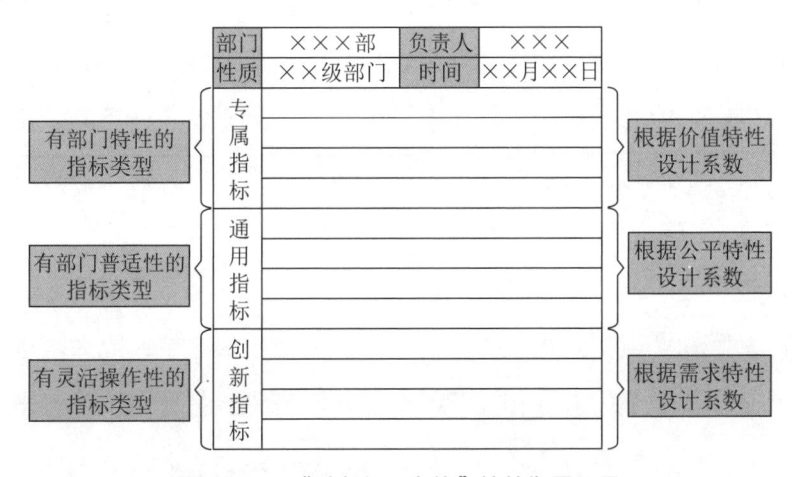

部门	×××部	负责人	×××
性质	××级部门	时间	××月××日

有部门特性的指标类型	专属指标	根据价值特性设计系数
有部门普适性的指标类型	通用指标	根据公平特性设计系数
有灵活操作性的指标类型	创新指标	根据需求特性设计系数

图 13-5 "跨部门/岗位"绩效衡量工具

此工具的关键点在于，通过设定不同的指标类型及系数来完成对不同部门/岗位的横向衡量，以此保障不同企业的特定要求。

（1）专属指标及系数。

专属指标指具有部门/岗位专属要求或定向类别的指标，比如"关键客户拜访率"，此指标几乎只会对销售部的员工进行考量，其他部门均不涉及该类指标（极其特殊的情况下以实际情况或调整系数来确定），故此类指标属于"专属指标"，然后再相应设计对应的系数，一般建议以1.2、1、0.8、0.6来确定。

（2）通用指标及系数。

通用指标指各部门均需要完成或达到的工作结果，比如"出勤率"，此指标是业务部门与职能部门均需要做到的工作标准，即使不同部门存在"灵活工时制"，但基本出勤率也是需要保证的，只是上下班时间的灵活度不同，所以此类指标属于"通用指标"，再随之设计对应系数，一般建议以1.2、1、0.8、0.6来确定。

（3）创新指标及系数。

创新指标指专项部门或特定部门所承接的定向任务，比如"重大科研课题攻关率"，此类指标并非常规指标，也不是每一个企业均应设计的指标内容，但有些科研机构、专项事业部及具有特定任务的企业，经常会承接或承担特定的工作任务，那么对于此类任务，在比较时应当考虑在内，系数一般建议以1.2、1、0.8、0.6来确定。

通过上述工具就能解决不同性质、不同工作任务下各部门/岗位的横向衡量问题。很多时候，每个部门都认为自己最重要，比如销售部认为自己是企业业绩的来源和经营的保障，没有销售都开不出工资来；行政部认为自己的统筹协调才是最重要的，要不是自己的上下沟通，企业不可能这么和谐；人力资源部认为自己的设计最重要，其他部门考核都要仰仗自己；研发部认为自己才是企业的核心竞争力，没有产品优势，销售再厉害也卖不出去。可是现在的社会又不能吃"大锅饭"，必须得拿出一个结果来，那么通过不同指标与系数的设定，就可以从专业设计上考虑到每个部门/岗位的特性，你有你的专属指标，我有我的专属指标，你有你的加分项，我有我的努力值，大家各凭本事，也能减少大量由于对各自价值判断不同而带来的矛盾。

任何体系的设计均在于落地可实施，任何体系的设计也都不要过于追求"超前性"与"前沿性"，并不是说掌握前沿知识不重要，而是需要将"学术"与"实操"有效结合。如果将"管理咨询"比作一辆跑车，那"学术"就代表着这辆车的理论最高速度，而"实操"就是档位，以便在各种不同路段或不同路面要求下调整速度，平稳行驶。这就是以"实操"为基，将"学术"合理地分配与运用的过程，也正是管理咨询项目的"灵活"与"定制"所在。

CHAPTER 14

企业人力资源管理—培训体系

14.1 企业培训管理的意义

在人力资源管理咨询的各大模块中，还有一个几乎是每家企业都在做，但是却做得不好，或者说效果不佳的工作，那就是培训工作。

说到管理培训或技能培训，有很多企业每年都有固定的预算额度来开展相关工作，可是甄选了这么多老师，上了这么多的课，听了各种各样的理论或工具后，好像还是没什么用！听课的时候都很热闹，但下课后却把所有知识都还给了老师，好像培训就是一个"形式工作"而非"实质工作"，可事实真是这样吗？如何形成实际落地、有用的培训体系，让培训工作真正成为弥补工作差距的工具，而非听着好用但无法落地的"假繁荣"？

1. 对培训工作的错误理解

培训工作不仅仅是讲课,而是融合需求、设计、讲授、辅导于一体的系统项目,可在现今社会却充斥着太多的错误理解与错误操作。

(1)培训工作,跟着"感觉"走。

这是现今大部分企业面临的通病,或者说常规操作。比如"战略定位"比较火,便培训战略定位;"领导力"大家都在听,就开展领导力培训;"阿米巴"很热门,那就开始学习阿米巴;还包括之前很流行的"学华为""学阿里"等,仿佛只要学了这些课程,就可以让企业"百病全消"或"药到病除"。可这些真的管用吗?我们做过一些调研,也真实问过这样操作过的企业,所得到的答案基本是"好像也没什么用,但是市场上都在讲啊,我要是不听的话,不就落后了吗?"这个理由着实有些莫名其妙,跟随市场的脚步是不假,关注市场的动态也没错,可是如果什么流行就做什么,丝毫不分析这样做对企业的利与弊,那就是过于松散或随意了。由此也就引出培训工作的真谛,那就是找到企业运营的差距或问题,并针对问题或差距进行补足,企业所培训的课程或内容应当是企业真正需要,且通过培训之后可以掌握工具并有效运用,弥补差距的知识,而不是盲目跟风、盲目花钱,最后真正的问题没解决,却引起很多其他新问题。

(2)培训老师的"造神"时代。

很多企业在做培训的时候,认为只要老师好,那就一切都好,只要老师对了,那就一切都对,仿佛只要老师找对了,一切问题就都能迎刃而解。其实,这种说法也不能说完全不对,因为一位好老师确实能够有效地把知识或工具传达给学员,并通过适当的技巧与方法让学员接纳合理的意见,可选的老师与需求是匹配的吗?这位老师真的能够胜任吗?这位老师所讲授的技巧或方法真的是企业所需要的吗?而且现在的时代,在某种程度上是一个"造神"的时代,能够看到各种各样的老师在讲述着各类知识,每位老师都是那么自信。好像只要有他们,企业就能基业长青,只要有他们的课程,企业就能"起死回生"。这无疑是成功的包装或成功的营销,他们成功地将学员带入了他们的思维当中。当然,喜欢一个人没有对与错,但对于企业来说,有效地甄选与评判一位老师的能力,确保不被各种"光环"蒙住了眼,是一项关键的能力,也是将培训工作做好的必备条件。

(3)把培训当成"教育"。

培训与教育是有着本质区别的,认清了这一点,其实也就认清了现在很多培训为何会被诟病的原因。所谓"教育",其实更加贴近于在学校学习的理论、常识、原理及思想等内容,更像是一种"塑造",才有了对于社会、对于事物的认知。而"培训"更像是一种"赋能",要求的是快速、干货与有效,给出的应该是工具、方法与技巧,让来受训的学员"拿来就能用"。也正是因为这些工具、方法与技巧来之不易,是授课讲师多年经验,或者踩过多少"坑"才得来的,所以培训费用才会比较高。换句话说,客户真正买单的,其实是老师所传授的多年经验及干货、工具与实操方法,而非能够从书籍上找到的理论知识。这就是"教育"与"培训"的本质区别,即"书本知识"与"实操知识"的区别。

2. 企业培训管理的意义

要想明确培训的意义,必须要站位企业运营的角度,那就是无论做什么培训,或者培训什么内容,其最终目标都是有效地梳理企业运营,并确保运营顺畅,所以培训工作是一种手段,是一种找到运营差距,并且提高运营绩效的手段,那么对于培训的结果来说,就不能仅仅只停留在"知道"的层面，而是应当转化为"绩效"的结果，培训意义的四个层级如图14-1所示。

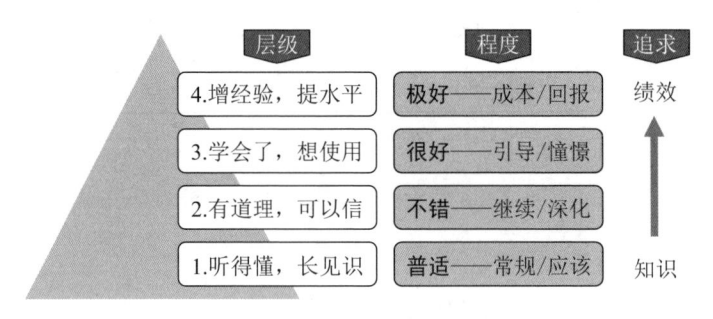

```
层级                程度           追求
4.增经验，提水平    极好——成本/回报   绩效
3.学会了，想使用    很好——引导/憧憬    ↑
2.有道理，可以信    不错——继续/深化
1.听得懂，长见识    普适——常规/应该   知识
```

图14-1 培训意义的四个层级

从上图可以看出，企业需要的培训，有四个层级的要求。

（1）普适。

此类要求，通常是需要某些之前不了解但现在需要了解的知识点，所以应当以"说明"或"解读"为主。

（2）不错。

此类要求，往往需要结合企业实际情况，以企业实际案例或实操现象为基准进行讲授，让员工感受到所讲的内容就在自己身边。

（3）很好。

此类要求，不仅需要结合实际，更需要对受训员工进行引导或引领，让众多员工共同认可或认知同一目标，让员工对所授工具有"想使用""想运用""想尝试"的欲望。

（4）极好。

此类要求，基本是培训所希望达到的最佳境界，也就是能将所学工具或方法成功运用到实际工作当中，并通过工具与方法的运用有效弥补之前工作的误差，成就更高的绩效结果，提升员工工作水平。

通过上述四个层级的递进，才能说找到了培训工作的真谛，也明确了培训工作应当达到的目标，无论培训主题是什么，都应当以这四个层级作为评判标准，才能够确保培训工作始终指向企业运营。

14.2 企业培训体系咨询的步骤

培训工作既然作为一个需要进行系统设计与咨询的模块，就不可避免地有其专有的咨询步骤或设计思路。

一套贴合企业运营的培训体系，能够让企业在安排培训计划等工作的时候更加得心应手。培训管理咨询项目实施步骤如图 14-2 所示。

- **第一步：需求调研与分析**
- 培训体系要精准，想听什么是关键，故仔细调研与分析需求是必备前提

- **第二步：运营与课题分析**
- 基于企业运营进行关联性分析，明确重要性、优先级，进一步确认课题

- **第三步：师资审核**
- 全面评估师资水平，不做"直观""经验"判断，而是有理有据，能说明白

- **第四步：制订培训计划**
- 关注政策性、习惯性及成本问题，系统制订培训计划，举一反三

- **第五步：附属文件完善**
- 结合设计结果与管理习惯，调整完善《培训管理制度》等系列文件

- **第六步：推进计划与辅导**
- 推进与实施培训计划，根据反馈结果与行为习惯进行针对性辅导与固化

图 14-2 培训管理咨询项目实施步骤

1. 需求调研与分析

这是培训管理咨询的第一步。想做好培训，首先就要知道各部门、各员工想听什么？很多企业在这个时候会通过一份调研表来完成，可是这份调研表到底应该调研什么？让员工填写什么？调研中出现频率最高的问题，即"你希望学习哪些课程"，可是很多部门负责人或员工根本就不清楚自己想听的课程，也不清楚自己想听的内容，那他们又如何填

写呢？可是为了完成任务，只能硬着头皮写，最终导致调研结果的极度失真，如此一来，企业花费大量无效资金的同时，会让员工一次又一次对培训失望，故通过有效工具来仔细调研真实情况是必备前提。

2. 运营与课题分析

此乃培训管理咨询的关键一步。想要做好培训工作，并不是员工想听什么就培训什么，而是看哪些课题对企业运营有提升，就注重培训哪些内容。所以在完成第一步的精准调研之后，第二步就应当对各部门、各员工所提交的调研结果进行归类、分析与甄选，明确不同课题或内容与企业运营之间的关联度，根据关联度来划分培训的优先级，以此确定最终的课题内容。

3. 师资审核

明确了课题内容之后，就应当为课题匹配优质讲师。上述师资市场的一些不良现象也会在不同程度上影响企业的选择与判断。所以在师资审核过程中不能只看介绍或头衔，而应当通过不同维度的审核工具来帮助企业完成对师资的确定。

4. 制订培训计划

确定了课题与师资，接下来就需要对课题开展的顺序与时间进行确认，此类确认方法基本会通过"培训计划"来实现，但在制订培训计划的过程中，不仅应当关注企业政策与业务要求，还应当满足员工的习惯与特性。

5. 附属文件完善

科学的课题确认、师资审核及计划制订等内容，需要明确的管理制度或手册来管控，通过制度与手册的发布与推广能够让企业员工对培训工作有深刻认知，也能够让管理层的决策有据可依。

6. 推进计划与辅导

完成了课题、师资的分析与判断，形成了系统有效的制度手册，接下来就是要在实操中不断纠偏、不断调整，并根据培训结果进行反馈与沟通，将培训后所出现的场景或现象进行记录并更新于制度当中，实现培训课题的更新迭代。

14.3　企业培训体系咨询工具

仅了解上述推进步骤是不够的，为了能够将培训工作系统化地设计出来，还需要了解与运用上述各咨询步骤当中的不同工具，方能对培训管理咨询实现灵活的把控。

培训管理咨询各步骤需要用到的工具具体如下。

1. "培训调研问卷"工具

针对培训管理咨询的第一步，需要一份完整且有效的调研问卷，并以此来完成对于各部门员工的需求调研。一份完整、有效的调研问卷，不在于让员工填写"想听什么"或"想学什么"这些较为表面的答案，而是应当以场景描述为基准，对培训倾向作出判断，并结合紧迫程度为后续的课题分析提供基础，"培训调研问卷"编制工具如表14-1所示。

表14-1 "培训调研问卷"编制工具

培训对象—人员情况			培训倾向—场景描述					培训需求—解决迫切程度		
员工姓名	岗位名称	岗位层级	工作原理	操作技巧	工作经验	改善/创新	协作技巧	H	M	L

此工具的关键点在于，通过三列内容来组成培训调研问卷的主体内容，其中第一列明确受训人员情况，确保因材施教；第二列明确场景导向，以工作原理、操作技巧、工作经验、改善/创新与协作技巧为主；第三列确定紧迫程度，并结合程度确认培训优先级。

（1）培训对象—人员情况。

此列内容主要在于对受训学员进行整体性描述，即期望参与的受训学员的概况，包括员工姓名、岗位名称及岗位层级三类。

（2）培训倾向—场景描述。

此列内容主要在于进一步了解不同受训学员对于希望获得的知识的倾向性描述，具体分为五个维度：一是工作原理，即希望在工作原理性知识层面获得提升，如运营原理、操作原理或科学原理等；二是操作技巧，即希望在操作方法层面获得提升，如设备操作技巧、工具操作技巧等；三是工作经验，即希望在经验与案例方面获得提升，如×××实施案例、×××操作经验等；四是改善/创新，即希望在技术前沿层面获得提升，如×××前沿理论知识、×××知识研讨等；五是协作技巧，即希望在跨部门或项目协作层面获得提升，如项目管控、跨部门协作技巧等。

（3）培训需求—解决迫切程度。

此列内容主要在于明确不同场景倾向的迫切程度，此迫切程度将实际反映员工对于不同方面的提升急切度。

通过上述工具能够有效避免原有调研问卷无法填写课程名称或培训内容的"尴尬"局面，以实际场景为导向，不仅明确倾向，还可以明确能够支持该选择结果的场景。

2."培训需求"访谈工具

在实际调研过程中，有时还需要与实际填写者进行有效的沟通，方能对调研结果进行合理判断。可是不同于常规的咨询访谈，此类访谈主要是起到一种"验证"的作用，即通过合理的访谈工具与时间把控，帮助咨询师或企业工作人员对实际填写者所填写的结果进行二次确认，也就是"双保障"。为何要做"双保障"呢？因为需求的准确与否，直接影响着培训的满意度及运营的指向性，"培训需求"访谈工具如表14-2所示。

此工具的关键点在于，通过职责与职能、工作方式、工作困扰、提升角度、倾向方式五个维度来帮助访谈者掌握访谈角度，并合理管控不同角度的沟通时长，在有限的时间内获得较为准确的结果。

（1）职责与职能。

职责与职能的沟通能够有效反映其所填写的具体内容，其职责与管控范围是否匹配，以及其对于自身的评价如何，并需要提供能够支撑具体评价的场景，此维度的要点在于找到差距并明确标准。

表14-2 "培训需求"访谈工具

需求访谈工具				
维度	评价	场景支持	时间安排	维度目标
职责与职能	良好/有问题/不好/……	……	10分钟	差距与标准，找到标尺
工作方式	良好/有问题/不好/……	……	10分钟	工作方式，判断出现问题的原因
工作困扰	大、疑惑多/一般/无困扰/……	……	5分钟	工作难点，验证问题出现的原因
提升角度	较多/一般/没有太多好办法/……	……	5分钟	个性想法，判断思路与工作水平
倾向方式	授课/辅导/咨询/……	……	5分钟	学习方式，能接受的操作方法

（2）工作方式。

工作方式的沟通能够有效反映其所填写的具体内容，与其所期望提升的工作技能是否匹配，以及其对于自身的评价如何，并需要提供能够支撑具体评价的场景，此维度的要点在于判断出现问题的原因。

（3）工作困扰。

工作困扰的沟通能够有效反映其所填写的具体内容，与其的工作技巧是否匹配，以及其对于自身的评价如何，并需要提供能够支撑具体评价的场景，此维度的要点在于对问题出现的原因进行验证。

（4）提升角度。

提升角度的沟通能够有效反映其所填写的具体内容，与其的经验偏差是否匹配，以及其对于自身的评价如何，并需要提供能够支撑具体评价的场景，此维度的要点在于尊重员工个性想法，从而提供评判佐证。

（5）倾向方式。

倾向方式的沟通能够有效反映其所希望采取或能够接受的实施方式，并需要提供能够支撑具体需求的场景，此维度的要点在于采取员工能够接受的方式，提升服务满意度。

通过上述工具可以完成对于调研结果的二度确认与意愿沟通。当然，访谈是一项沟通交流工作，所以在实际操作过程中，需要将上述的工具内容与时间要求进行记忆，并变通使用。

3. "运营关联度"分析工具

企业培训工作需要以企业运营为导向，即应当以提升企业运营效率或运营绩效为最终目标。所以，针对确定的调研结果，还需要进行"运营关联度"分析，即对各部门员工所提交的、经审核与验证的调研结果进行关联度确定，与企业运营效率或运营绩效关联度高的，应当排在较高的培训优先级，反之则排在较低的培训优先级，"运营关联度"分析工具如表14-3所示。

表14-3 "运营关联度"分析工具

1.战略管理			2.营销管理			3.流程管理			4.组织管理			5.人力资源管理			6.企业文化管理		
场景汇总	问题汇总	关联性	场景汇总	问题汇总	关联性	场景汇总	问题汇总	关联性	场景汇总	问题汇总	关联性	场景汇总	问题汇总	关联性	场景汇总	问题汇总	关联性
		H/M/L			H/M/L			H/M/L			H/M/L			H/M/L			H/M/L
课题倾向："H"数量占比			课题倾向："H"数量占比			课题倾向："H"数量占比			课题倾向："H"数量占比			课题倾向："H"数量占比			课题倾向："H"数量占比		

此工具的关键点在于,通过战略、营销、流程、组织、人力资源及企业文化六大运营模块,帮助咨询师或企业工作人员进行有效归类与划分,并结合"H(high)"的数量占比来确定最终的课题倾向。

(1)战略管理。

这是"企业运营原理"的第一模块,即将调研问卷当中与战略相关的场景与问题汇总,并结合对于企业战略发展的判断进行关联性划分。在此过程中,既需要对企业战略现状与发展较为了解,又需要对调研问卷当中的结果进行精准识别。

(2)营销管理。

这是"企业运营原理"的第二模块,即将调研问卷当中与营销相关的场景与问题汇总,并结合对于企业营销策略的判断进行关联性划分。在此过程中,既需要对企业营销现状与痛点较为了解,又需要对调研问卷当中的结果进行精准识别。

(3)流程管理。

这是"企业运营原理"的第三模块,即将调研问卷当中与流程相关的场景与问题汇总,并结合对于企业流程管控的判断进行关联性划分。在此过程中,既需要对企业流程现状与问题较为了解,又需要对调研问卷当中的结果进行精准识别。

(4)组织管理。

这是"企业运营原理"的第四模块,即将调研问卷当中与组织相关的场景与问题汇总,并结合对于企业组织管控的理解进行关联性划分。在此过程中,既需要对企业组织现状与短板较为了解,又需要对调研问卷当中的结果进行精准识别。

（5）人力资源管理。

这是"企业运营原理"的第五模块，即将调研问卷当中与人力资源管理相关的场景与问题汇总，并结合对于企业人力资源管控的理解进行关联性划分。在此过程中，既需要对企业人力资源管理现状与需求较为了解，又需要对调研问卷当中的结果进行精准识别。

（6）企业文化管理。

这是"企业运营原理"的第六模块，即将调研问卷当中与企业文化相关的场景与问题汇总，并结合对于企业文化倡导的理解进行关联性划分。在此过程中，既需要对企业文化现状与影响较为了解，又需要对调研问卷当中的结果进行精准识别。

通过上述工具可以基于"企业运营原理"对调研结果进行关联分析，既满足企业任何管理模块需要导向运营的基本要求，又能明确指向企业运营的具体课题和重点关注的课题，以及那些应当有所舍弃的课题，并通过数据的形式（占比情况）体现出来，为培训指明方向。

4."师资审核"工具

对于师资的审核，其实见仁见智，因为每个人都有对于优秀师资的不同要求，可对于能够影响企业运营或提升企业运营效率的培训课程来说，其师资的审核应当有一定的通用性与标准性要求，这些要求也是企业在确定课题之后进行师资选择的关键，"师资审核"工具如表14-4所示。

此工具的关键点在于，将讲师身份进行有效划分，并明确外部培训师、内部培训师、内部专家、专业管理者、优秀员工及项目负责人等不同身份的审核要求，帮助企业完成对不同类型讲师的整体判断。

表14-4 "师资审核"工具

身份	资质	准备	成果	其他
外部培训师/专家	实际培训场次不少于10场	培训方案	大纲、课件、作业	着装、谈吐、情商等
内部培训师	结合实际,授课时长不少于30小时	内容解析	大纲、课件、互动	着装、耐心、情商等
内部专家（如技术）	专业水准,企业公认	专项业务	课件、互动	态度、语言、指导等
专业管理者（内/外）	专业工具、手法、方法、方式	重点解析	课件、互动	态度、语言、指导等
优秀员工	问题分析与处理的经验,操作技巧	问题分析	课件、实物、实践	态度、情商、耐心等
项目负责人（内/外）	项目实操经验,成功经验	项目研讨	研讨方案、互动	态度、耐心、输出等

（1）外部培训师/专家。

即从外部聘请的专业培训师或专家老师,其不仅应当准备培训方案,还应当对"待培训"的课程有不少于10场的培训或讲授经验。

（2）内部培训师。

即从内部培养或提拔的培训师成员,其不仅应当对"待培训"内容进行有效解析,明确讲授重点内容,且实际的内部授课时长不应当低于30小时。

（3）内部专家（如技术）。

即从内部专业负责某项业务的负责人员而来,其不仅应当对"待培训"的专项业务有充足且专业的认知,还应当有企业内部公认的技术或操作水平,避免内部员工产生歧义。

（4）专业管理者（内/外）。

即从内部或外部而来的有实际管理经验的管理人员,其不仅应当对

"待解决"问题有实际认知与重点解析,还应当具备专业的工具、方法或操作手法,能够及时解决某项棘手的实际问题。

(5)优秀员工。

即从内部提拔或培养的、在某项领域有较好造诣的工作人员,其不仅应当对"待解决"问题有操作经验与分析能力,还应当具备针对该类问题的操作方法。

(6)项目负责人(内/外)。

即从内部或外部而来的、对某类项目具备管控能力的人员,其不仅应当具备项目研讨与引导的能力,还应当具备成熟且成功的操作经验。

通过上述工具可以拨开市场讲师的神秘面纱,避免市场化包装下的"光环"影响,从而深刻地对师资进行审核,确保师资与课题的匹配性。

5."培训计划"工具

所谓"培训计划",就是将已经确认的课题、师资、时间、顺序等内容进行排列与说明,并通过计划性表单或表格呈现出来的内容。对于"培训计划"来说,每个企业有自己的呈现方式,但无论是何种呈现方式,都应当体现出培训体系与计划的价值,"培训计划"编制模板如表14-5所示。

此工具的关键点在于,将培训分类、主办部门、培训内容与目标、培训课时、人数与方式及预算等内容进行全面呈现,将一个课题的整体内容穷尽展示,实现课时、人数、方式与培训目标等内容的可视化匹配。

(1)培训分类。

具体分为"层级"与"类型"。所谓层级,即该培训适用于的受训层级,如高层、中层或基层。所谓类型,即到底是由"内部讲师"还是"外部讲师"进行授课等内容。

表14-5 "培训计划"编制模板

序号	培训分类		主办部门	培训内容与目标			培训课时				人数与方式			预算
	层级	类型		对象	目标	内容	培训周期	单次课时	次数	总课时	单次人数	总人数	方式	

（2）主办部门。

即本次培训工作的需求部门与承办部门。

（3）培训内容与目标。

具体分为"对象""目标"与"内容"，其中重点在于将"目标"与"内容"有效写明，并言简意赅。

（4）培训课时。

对培训周期、课时与次数进行明确的内容，从上报角度让领导明确本次培训工作所占的时长，便于领导判断培训工作与实际业务推进之间的权重；从服务角度让客户了解时长占比，便于与预算相互验证。

（5）人数与方式。

对人数与方式进行明确的内容，从上报角度让领导明确针对群体与采用方式，便于领导判断该方式与企业风格的适配性；从服务角度让客户了解准备采用的方式，既做好准备，便于提前引导。

（6）预算。

此维度，不管是上报角度还是服务角度，均是领导在意且重视的内容，即成本的消耗。编制过程中，应当在课酬的基础上，对讲义、场地及其他相关费用做整体明确。

通过上述工具可以提供较为常规且全面的培训计划编制模板，在满足"企业工作人员上报"与"第三方人员服务"的基础上，将培训工作所需要做到的重点内容进行了说明。

至此，人力资源管理咨询各大模块的咨询方法已全部呈现。虽说人力资源咨询是现今咨询市场上较为常见且比较容易切入的咨询课题，但其内在蕴含的专业性、业务性及对于客户企业风格的判断，都是需要咨询师及企业中高层深刻体会与学习的。

CHAPTER 15

企业文化设计

15.1 企业文化的意义

在漫长的管理咨询过程中,我们经常看到企业在卖力地做着企业文化,记着有一次我们去到一家企业做企业文化咨询项目,这家企业的领导非常骄傲地说:"我们的企业文化只需要微调就可以,因为之前已经做了很多工作!"说着便拿出一摞文件,里面包含着各种理念与标语,包括研发理念、管理理念、团队理念及愿景、价值观等内容,我们一边翻着一边问:"您觉得这些文件在企业日常运营或工作当中起到什么作用?""在完成这些文件或发布之后,您觉得企业有变化吗?"这位领导不说话了,看起来好像有一些尴尬,比较敷衍地说:"员工嘛,总得有个接受的过程,慢慢就有变化了!"这家企业已经做过企业文化的咨询项目了,可是还来找我们做企业文化,可想而知之前咨询的效果……

确实，现今有很多企业花重金找管理咨询公司做企业文化咨询，可是做完咨询之后基本没变化，这到底是为什么呢？企业对于企业文化的错误认知主要体现在以下两点。

1. 企业对于企业文化的两点错误认知

（1）过度"神话"企业文化，甚至将企业运营"押宝"在企业文化上。

一些企业对企业文化的理解与期盼其实是有着严重错误的，其一就在于过度"神话"企业文化，认为只要有了企业文化，团队就能凝聚，运营效率就能提升，领导就能一呼百应。且不说每个人都有着自己的个性，就单从"企业运营原理"这一基础性逻辑来说，也不可能仅靠企业文化这一个模块来直接调控企业运营效率。那企业文化到底是什么呢？企业文化是企业家的"梦"，哪个老板不想多一些法治，少一些人治？哪个老板不想所有工作人员都按照标准与流程工作，实现经营目标？哪个老板不想自己的企业有着大家共同认可且笃定的价值观与愿景，相互协助，一荣俱荣，一损俱损？也正是因为一些企业家或领导对企业文化有着这样的执念，才给企业文化添加了诸多不太现实的期盼，期望越大，失望越大，所以一些企业的企业文化无论怎么做，好像都无法达到领导的要求。

（2）企业文化就是领导文化，领导想宣传什么就宣传什么。

我们到企业当中去，经常会听到这样一句话："企业文化嘛，就是领导文化，领导想传播什么我们就听什么！"好像在一些职场人士的眼中，企业文化就是领导文化。其实，这可以从"企业运营原理"当中找到端倪，企业文化在"企业运营原理"当中是最后一个模块，为什么是最后一个呢？是因为企业文化是企业运营的集大成者，只有在战略、营销、流程、组织及人力资源等各模块的管理理念和工作标准都明确之后，才能进行企业文化的设计，这也是企业文化咨询项目的价格比较高的原因。因为做企业文化需要从战略开始，一项一项地进行整体梳理，是一项工作时间较长、工作量较大、工作难度较高的任务。

为什么企业文化是集大成者呢？是因为企业文化重要的功能是提示和警示，企业文化真正应该达到的状态是：一看到企业文化，就能想起工作标准；就能想起背后的奖惩与要求；就能想到工艺标准与操作流程。所以员工才能不做错，也做不乱，至少能够在普适或及格线的水平之上，从而保证企业的运营效率。可工作标准、奖惩措施及工艺/操作流程等内容的形成，需要将战略、营销、组织、流程及人力资源各大模块均设计完成才可以，也只有这样，企业文化才能够真正发挥效果，不会水土不服，更不会让员工觉得不接地气，这是企业文化对企业运营真正的作用所在。

2. 企业文化如何呈现

明确了错误理解，摆正了正确思想，下面继续分析企业文化到底应该如何呈现。除了手册、制度、表单、讲话稿这些常规的呈现方式，最重要的是"公式"。企业文化想实现效果，发挥威力，需要浓缩成一个公式，并通过各类文件对该公式进行解读、说明，让员工牢记于心，企业文化的呈现方式如图15-1所示。

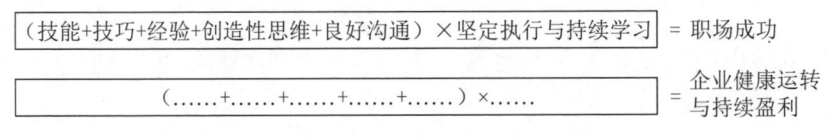

$$(技能+技巧+经验+创造性思维+良好沟通)\times 坚定执行与持续学习 = 职场成功$$

$$(\ldots\ldots+\ldots\ldots+\ldots\ldots+\ldots\ldots+\ldots\ldots)\times\ldots\ldots = 企业健康运转与持续盈利$$

图15-1 企业文化的呈现方式

从上图可以看出，企业文化的设计在于将上述等式完成，实现等式的左边与右边相等。以"职场成功"为例，等式的右边是"职场成功"，等式的左边是各类影响因素，而这些因素既需要在日常工作中不断总结，更需要不断观察，最终职场的成功需要技能的学习、技巧的掌握、经验的积累、思维的开拓、良好的沟通，并且持续保持学习的热情才能实现。那么，这些因素无疑像警钟或提示器一样，也正是有了这个公式的存在，保证了企业的关注点不会错，不会乱，也不会偏。

企业文化是一样的，也需要这样一个公式，这个等式的右边是企业的健康运转与持续盈利，这是企业所追求的根本所在，也是每一位企业家或领导追求的核心，那么到底哪些因素能够影响企业的健康运转与持续盈利呢？这就是管理咨询师需要在咨询过程中去不断发现与总结的内容。所以，企业文化的咨询在于通过工具与专业方法，找到并提炼出这些因素，将这个等式填写完成，并通过各类文件将企业文化形成系统体系且不断迭代，而非单纯的华丽辞藻堆砌。

既然了解了企业文化的真正内核，也找到了企业文化应该有的呈现方式，接下来，就要了解企业文化的咨询项目到底应该有哪些步骤，以确保效果的有效达成。

15.2　企业文化咨询的步骤

虽然企业文化有着企业运营"集大成者"的特征，但还是要一步一步地完成其较为复杂的设计。

企业文化咨询项目实施步骤如图15-2所示。

- 第一步：企业文化诊断
- 全面考虑企业文化对企业运营各系统的影响，进而明确遗漏点与补充点

- 第二步：明确文化标准
- 基于诊断结果明确企业管理、工作等行为的相互适配与标准

- 第三步：进行理念识别
- 基于文化标准，对各层级部门或各类员工的工作理念进行匹配性识别

- 第四步：进行行为识别
- 基于理念识别，提炼各场景下工作行为的重点标准或准则，并融入考核

- 第五步：进行记忆识别
- 基于理念与行为，综合提炼适配的口号、语言、风格要求等内容，强化记忆

- 第六步：文件完善与辅导
- 基于上述调整内容完善相关文件，并对行为与考核工作进行持续跟踪

图 15-2　企业文化咨询项目实施步骤

1. 企业文化诊断

如同其他管理咨询模块一样，想要解决问题，要先找到问题，所以"企业文化诊断"是企业文化咨询的第一步。在诊断过程中，要全面关注现有企业文化对企业运营各模块的影响与作用。企业文化不是大企业的专属，只要你是一家企业，已经运营了一段时间，哪怕只是一个小的摊档，都有着相应的文化，只是你没有发现而已。所以，咨询的第一步就是需要通过有效的工具，找到并发现潜在或已经形成的文化，并明确遗漏点与补充点。

2. 明确文化标准

如同人的性格一样，企业文化当中也有很多不同的细分文化，比如各部门应该有的工作文化。很多工作不是可以随性而为、随意而为的，需要遵循一定的潜在标准，而企业所形成的文化与这些潜在的标准是否有冲突、是否匹配，是决定如何调整企业文化内涵的关键。

3. 进行理念识别

基于整体的文化要求与细分的文化标准，需要形成理念识别，这个理念就是在企业运营过程中从事各项工作的基本准则，此准则既符合潜在标准，又满足企业所倡导的行为方向，且能够让各部门与员工准确记忆。

4. 进行行为识别

明确理念识别之后，还需要通过行为记忆来不断进行强化，在此过程中需要观察并提炼各项重点行为的标准与奖惩措施，并将奖惩要求融入绩效考核体系，既满足"企业运营原理"的底层关联，又能够让员工时刻敲响行为准则的警钟。

5. 进行记忆识别

到这个阶段才是口号、标语或标志物等内容，口号或标语确实能够起到记忆作用，但如果没有前面四个步骤的实施，单纯只是找到口号或标语，员工很难清楚为什么是这个口号？为什么是这个标语？为什么是这个形象？没有内心的理解与认可，仅凭强行记忆很容易忘，员工也不太会将其当回事儿。

6. 文件完善与辅导

企业文化咨询的最后一步就是文件的完善，即将前五个步骤所完成的工作进行汇总与综合，并形成系统化的、简洁的文件内容，通过不断地辅导与宣传贯彻，让员工理解与认可文件的内容，使企业文化能够真正得到运用，而非放在办公桌上已经落下厚厚灰尘的"废纸"。

15.3 企业文化咨询工具

要做好企业文化,仅仅理解是远远不够的,还应当在理解的基础上进一步掌握企业文化咨询过程中需要用到的各类工具。

1."企业文化诊断"工具

企业文化到底如何诊断呢?我们在长时间的管理咨询过程中,找到了一个比较好的办法来解决这个问题,那就是通过"问题组合"的方式来实现,即通过有逻辑的问题来反映企业各部门员工对于企业文化的真实理解,"企业文化诊断"工具1~5如表15-1至表15-5所示。

此工具的关键点在于,以"企业运营原理"为主导,依次从战略、营销、流程、组织及人力资源五大模块进行问题组合,并通过对答案的汇总分析来得出各模块与企业文化的匹配程度。

表15-1 "企业文化诊断"工具1

企业文化诊断—战略管理					
模块名称	分析项目	企业文化适配度			弥补策略
		H	M	L	
战略管理	战略分析是否考虑了企业文化				
	战略制定是否有企业文化人员参与				
	企业愿景、使命是否体现战略思路				
	战略举措与路径是否与企业文化冲突				
	核心竞争力是否与企业文化相匹配				

表15-2 "企业文化诊断"工具2

企业文化诊断—营销管理					
模块名称	分析项目	企业文化适配度			弥补策略
		H	M	L	
营销管理	企业文化与目标客户的吸引力				
	营销部门对企业文化的认同				
	营销部门与企业文化部门之间的沟通				
	产品与服务是否符合企业文化				
	渠道与合作伙伴是否了解企业文化				

表15-3 "企业文化诊断"工具3

企业文化诊断—流程管理					
模块名称	分析项目	企业文化适配度			弥补策略
		H	M	L	
流程管理	是否有企业文化管控流程				
	流程工作是否有企业文化人员参与				
	流程调控力度/频率与企业文化相匹配				
	流程调控策略是否与企业文化相匹配				
	流程场景问题是否可以通过文化解决				

表15-4 "企业文化诊断"工具4

企业文化诊断—组织管理					
模块名称	分析项目	企业文化适配度			弥补策略
^	^	H	M	L	^
组织管理	组织架构是否影响企业文化				
^	部门设置是否重视企业文化				
^	岗位设计是否重视企业文化				

表15-5 "企业文化诊断"工具5

企业文化诊断—人力资源管理					
模块名称	分析项目	企业文化适配度			弥补策略
^	^	H	M	L	^
人力资源管理	人员招聘与培训、沟通是否考虑企业文化				
^	薪酬绩效体系设计是否有企业文化参与				
^	人才配置方法与使用策略是否与文化适配				

（1）企业文化诊断—战略管理。

从战略层面来看，其在战略分析过程中是否考虑了企业文化？战略制定是否有企业文化的负责人员参与？战略强调的举措与策略是否与现有文化相冲突……

（2）企业文化诊断—营销管理。

从营销层面来看，其企业文化对目标客户的吸引力有多少？营销部门是否对现有企业文化认同？产品的更新或服务模式是否符合企业文化……

（3）企业文化诊断—流程管理。

从流程层面来看，其流程的调整或再造是否有企业文化的负责人员参与？流程的调控力度／频率是否与企业文化的倡导相匹配？流程推进过程中的各类场景是否可以通过企业文化解决……

（4）企业文化诊断—组织管理。

从组织层面来看，其组织架构是否重视企业文化？部门与岗位设置是否匹配企业文化要求……

（5）企业文化诊断—人力资源管理。

从人力资源管理层面来看，其人员招聘或培训是否关注企业文化？薪酬绩效体系设计是否有企业文化负责人员参与？人才的配置与使用是否符合企业文化要求……

通过上述工具可以有效且简单地完成对于企业文化的诊断，并能够在诊断过程中对战略、营销、流程、组织及人力资源管理模块进行反向验证，以此来不断优化企业运营体系。

2. "企业文化标准"分析工具

在找到企业文化的现存问题或不足之后，需要完成"建标—对标"的工作，即明确各运营模块在企业现今及未来的发展过程中，应当秉承或倡导怎样的文化要求？"企业文化标准"分析工具如表15-6所示。

此工具的关键点在于，对于不同维度的文化要求进行整体总结，可以快速、有效地选择或判断现存文化与倡导文化之间的差距，进而明确弥补策略，从实际出发来想问题，而非单纯的理论解读。

（1）创新文化。

即倡导创新、突破、探索的文化要求与精神状态，该文化要求下，需要企业相关人员时刻保持积极向上且刻苦钻研的工作状态，来满足市场竞争的日益变化。

表 15-6 "企业文化标准"分析工具

维度	创新文化	过程文化	顾客文化	攻坚文化	强悍文化	企业风格适配度
战略管理						
营销管理						
流程管理						
组织管理						
人力管理						
价值理念						
沟通方式						
风险管理						
工作倡导						
弥补策略适配度：						

（2）过程文化。

即倡导过程管控、节点把控及精细流程的文化要求与精神状态，该文化要求下，需要企业相关人员时刻关注细节、要点、标准及时间，保持严谨、有原则的工作状态，来满足业务与工艺操作的要求。

（3）顾客文化。

即倡导客户至上、满足客户需求及服务客户的文化要求与精神状态，该文化要求下，需要企业相关人员掌握换位思考，熟悉目标客户习惯，来满足客户群体日益提出的多元化需求。

（4）攻坚文化。

即倡导积极进取、迎难而上及坚持不懈的文化要求与精神状态，该文化要求下，需要企业相关人员随时关注竞争对手，保持永争上游及遇到困难乐观向上的工作状态，来满足企业运营过程中不断出现的各类问题。

（5）强悍文化。

即倡导严格标准、严格管理及强化执行的文化要求与精神状态，该文化要求下，需要企业相关人员时刻打起精神，关注领导要求，保持面对指令坚决执行的工作状态，来满足企业内部管控风格的引导要求。

通过上述工具可以对企业运营过程当中各类模块分别对应的不同文化要求进行明确，虽然不能穷尽，但上述几类文化特征能基本满足大部分企业的文化要求与倡导方向。

3. "理念识别"分析工具

接下来，要进入不同的细分理念当中，找到各部门应当遵循的潜在文化与企业倡导文化之间的区别和差距。此举在于，任何咨询设计都不能脱离企业实际情况而存在，所以企业文化也不能脱离企业实际的管理要求，应当在现实基础上将各部门的潜在文化不断统一，"理念识别"分析工具如表15-7所示。

表15-7 "理念识别"分析工具

部门/风格	严谨	规范	合作	忠实	主动	进取	类型综述
×××部							业绩担当型/稳定执行型/规范严格型/服务保障型/自励改善型/……
×××部							
×××部							
×××部							
×××部							
企业整体运营文化的适配度综述：							

此工具的关键点在于，系统归纳了不同部门所需要的不同文化与理念风格，并便于使用者快速把自身企业的部门特性代入并完成文化的适配度分析。

（1）严谨。

即严格、有原则的工作作风，如财务部需要的是在掌握工作原理后的严谨执行。因为财务部要遵循企业管理要求与工作原则，所以严谨与有原则是财务必须有的管理文化，如果一家企业随便任何一天都能够付款，那就太低效了！

（2）规范。

即合理、有标准的工作作风，如生产或制造部需要的是严格遵守工艺与设备要求。如果生产或制造部可以随意操作，不管设备安全与工作效率，那企业的经营业绩就很难有保障。

（3）合作。

即协作、灵活的工作作风，如行政部主要起到上传下达、组织统筹的作用，事情多且比较杂。如果事事都是自己做主，不沟通，不协作，无法得到其他部门的支持，那行政部的工作就很难开展。

（4）忠实。

即忠诚、有归属感的工作作风，如人力资源部主要承担人员招聘、评估、培育及薪酬绩效管理等职责，需要与形形色色的职场人员打交道，如果自身缺乏对企业的归属感与忠诚度，连自己都无法认可或信任企业，那么如何能够激发新入职人员对企业的热爱，或者维系老员工对企业的尊重呢？

（5）主动。

即积极、有欲望的工作作风，如销售部是企业利润的获取部门，需要时刻保持主动沟通、主动联系及主动倾听的状态。如果总是等着客户自己上门，那企业的业绩与利润很难提升。

（6）进取。

即乐观、抗压能力强的工作作风，如领导层往往需要承担比其他部门更大的压力，需要有极强的心理承受能力与问题化解能力，领导每天都在解决问题，小问题根本不在领导的考虑范围之内。

通过上述工具可以对各部门的不同工作风格与潜在文化要求作出总结提炼，并归纳出"业绩担当型""稳定执行型""规范严格型""服务保障型""自励改善型"，以此来作为形成整体文化的组合基础。

4. "行为识别"分析工具

理念识别之后就需要进行行为识别。俗话说"好记性不如烂笔头"，企业文化也有异曲同工之效，即再好的理念也要有行为作为支撑。那么，有哪些是倡导行为？哪些是忌讳行为呢？这就需要通过工具进行观察与总结，"行为识别"分析工具1和工具2如表15-8和表15-9所示。

表15-8 "行为识别"分析工具1

企业文化行为识别—部门细分文化（×××部）			
倡导文化	鼓励的行为与场景	忌讳的行为与场景	绩效指标策略
×××文化			
×××文化			
×××文化			

表15-9 "行为识别"分析工具2

企业文化行为识别—企业运营文化			
倡导文化	鼓励的行为与场景	忌讳的行为与场景	绩效指标策略
×××文化			
×××文化			
×××文化			

此工具的关键点在于,将各类不同的细分文化行为进行总结提炼,并形成企业整体倡导的重点行为,并且将关键行为纳入绩效考核指标库,与绩效管理体系连接,形成可考核、可衡量的企业文化指标。

(1)鼓励的行为与场景。

即满足文化要求的行为与工作场景,如会议后桌椅归位、工作流程痕迹追踪及统一着装等,均可以属于鼓励的行为与场景。

(2)忌讳的行为与场景。

即不符合文化要求的行为与工作场景,如遇事"甩锅"、领导办公室推门就进、孤立部门同事等,均可以属于忌讳的行为与场景。所以在解决职场员工的低素质行为时,总结、提倡、发布、考核等工作,是较为有效的潜移默化的管理方式。

在完成行为与场景的总结与提炼后,可以通过绩效指标的提炼工具来形成关键指标,并纳入绩效考核指标库,确保企业文化所倡导的内容与制度关注的内容是一致的。

通过上述工具可以将企业文化的管控重点与绩效管理体系联系起来,这也是企业文化被称为"集大成者"的原因,因为企业文化的形成是在漫长的企业管理与运营过程中"沉淀"出来的。

5. "记忆识别"分析工具

行为识别之后,需要对记忆做最后一重保障,即记忆保障。简单说,就是通过一些话语、口号、吉祥物或图案等内容来强化员工的记忆,实现标志物与倡导行为/场景之间的强关联。找到一个相对统一的标准或标志物其实很难,所以以下只对不同文化主题所对应的维度作基本总结,"记忆识别"分析工具如表 15-10 所示。

表 15-10 "记忆识别"分析工具

企业文化导向	吉祥物	口号	色彩	装束	其他
创新文化					
过程文化					
顾客文化					
攻坚文化					
强悍文化					
并重文化					

此工具的关键点在于,通过纵横结合的方式,对不同倡导文化的标志物进行匹配分析,帮助使用者快速完成选择与分析,即从纵向的创新文化、过程文化、顾客文化、攻坚文化、强悍文化及并重文化为分析起点,进行适当的搭配。

(1)吉祥物。

即具有标志性意义的动物或其他有生命的物种。

(2)口号。

即具有标志性意义的话语或其他相对简短的句子。

(3)色彩。

即具有标志性意义或潜在引导含义的颜色。

（4）装束。

即具有标志性意义或有特征/特点的着装。

（5）其他。

其他有标志性意义或能够代表某些特定要求的对象。

通过上述工具可以完成把企业文化印刻在脑海的关键一步，即标志物记忆，从标志物联想到行为，从行为联想到理念，从理念过渡到文化，以此逻辑来保证员工的记忆具备阶梯性与连带性，不是强行记忆，而是顺势而为。

以上是所有基于"企业运营原理"各大模块的管理咨询项目的实操方式与关键工具，当然，要从"学会"到"精通"，还需要不断使用与演练。在之前的章节当中并没有过多地涉及制度类文件的优化方法，在下一章节的内容当中会详细且系统地阐述应当如何对各类制度文件进行优化、调整与完善，切实打通管理咨询项目实施的"最后一公里"。

CHAPTER 16

管理制度优化与改善

16.1 企业编制管理制度的意义

管理制度既是企业管理体系的保障成果,又是管理咨询项目重要的显性成果之一。首先,在企业的运营与管理决策过程中,每一次决定都影响着企业的发展现状与未来走向,其不仅要有所依据,更要能服众,通过对管理制度的编制与撰写,可以让制度在功能方面更为明确,在管控方面更加权威,在认知方面更加趋同;其次,在推进管理咨询项目的过程当中,管理制度常常作为一类咨询成果进行呈现,其内容的匹配、效果的好坏及呈现的方式,也是客户较为关注的重点内容,企业每一个管理体系在系统设计之后都应当有相对应的管理制度进行解读、阐述及发布,此为管理体系的基本闭环,也是企业管理水准的客观反映。

1. 对管理制度的理解误区

任何管理体系，管理制度，都不能将其过度"神化"或过度贬低，应当正确且客观地看待每一类管理体系及管理制度。因为企业在运营过程中，体系也好，制度也好，都是工具，是帮助企业健康运营、持续盈利的工具，所以无所谓"好与坏"或"高与低"。可是在实际推进管理咨询项目的过程中，我们发现一些企业对管理制度的理解与用途有着较大的误区。

（1）管理制度越多越好，只要数量够，各方面都好交代。

在从事管理咨询的职业生涯中，我们接触了很多企业的中高管，尤其在职能中高管的层面，此类现象尤为明显，记得有一次我们去做访谈工作，当问到一个职能管理者的时候，他说了这样一句话："我们属于职能端，企业的利润并不来源于我们，所以在领导眼里，我们属于'成本'，无论怎么做，或者做什么，都难以引起领导的关注，所以我们只能多写一些制度，既向领导表明我们有贡献，又为自己的工作业绩多提供一些证明！"当听到这番话的时候，我们既为他们感到一丝惋惜，又为他们企业日后的经营感到一丝担忧——惋惜在于，一些领导只关注业绩，只关注销售与技术，在主观程度上有些忽视职能部门的管理贡献，让很多职能端的管理者越干越没信心，越干越没动力；担忧在于，如果持续这样下去，为了"写制度"而"写制度"，企业的管理早晚会乱套，因为当管理体系或管理制度这些"工具"不能有效指向企业运营，而只是单纯的数量堆砌之后，管理就会被带偏，工作就会有掣肘，最后只能起到"适得其反"的效果。因为管理体系与管理制度并不是越多越好，企业运营就是那几个模块，不能为了自己主观的想法，凭空琢磨出来一个本身并不存在的模块或体系，制度也是如此，讲求的是"匹配"而不是"冗杂"。

（2）管理制度就是写领导关注的事情，领导想看什么我就写什么。

就像企业文化经常出现"领导文化就是企业文化"的现象一样，管理制度也是一样，即领导关注什么我就写什么，建立管理制度的目的不是为了支撑企业运营，而是为了领导安心，领导舒心。领导说的一定对吗？领导想表达的就一定是管理制度应该体现的吗？领导也是人，只要是人，就一定会有失误或出错的地方，如果抱着"领导关注什么，制度就写什么，反正最后出了问题都是领导的责任"这样的心态，会时刻让领导处于高度集中且高度紧张的精神状态当中，既会让领导倍感压力，越管越累，又失去了企业运营管理及授权等工作的意义所在。

2. 管理制度的概念与分类

我们在此给管理制度制定一个明确的概念："管理制度是工具，是反映企业成事规律与工作标准，且能够指向企业运营的工具。"尤其在领导眼里，管理制度是帮助其更好地实现管理效果的工具，要能用、管用且好用，而非单纯的文字游戏。基于此，管理制度的基本分类如下。

（1）从性质来看。

从性质来看，可以将管理制度分为"单项管理制度"与"流程保障制度"（"管理制度"的基本分类1见图16-1）。

单项管理制度	流程保障制度
■ 基于独立事务，单独情况的处理 ■ 在执行可行性的基础上分析 ■ 比如考勤管理制度	■ 基于联动事务，综合场景的处理 ■ 保障工作流程与效率 ■ 比如×××车间管理制度

图16-1 "管理制度"的基本分类1

第一，单项管理制度。

顾名思义，就是基于独立事务，需要进行独立处理的内容。此类制度具有相对较高的灵活性，比如考勤管理制度就是仅对于"考勤"这一个管理对象进行规范的制度，有些企业有，有些企业没有，但无论有或没有，均应当从"可行性"的层面进行分析，即认可度、执行度、衡量度及反馈度四个细分维度。

第二，流程保障制度。

所谓流程保障制度，是指对基于业务的联动事务与综合场景等内容进行规范的制度。此类制度是企业运营过程当中的必备制度与文件，因为此类制度的核心功能在于保障业务流程的协作与效率，且具备一定的指引效果。简单地说，当业务进展出现阻碍的时候，可以从制度当中找到相对来说较为普适的处理方式及解决办法，不能什么事都让员工去找领导，又不能什么事都是灵活处理，那样既会降低工作效率，也会让业务出现太多的"体系外"节点，导致一个人一个样儿，从而失去了相对标准化的基本条件。如×××车间管理制度就需要明确操作工艺、流程节点及工作标准等内容，且不能有过大误差，因为过大的误差有可能直接导致产品质量，甚至安全度的下降。

（2）从作用来看。

从作用来看，可以将管理制度分为"提示性制度"与"管控性制度"（"管理制度"的基本分类2见图16-2）。

提示性制度	管控性制度
■ 基于文化意识与行为规范 ■ 基于员工自觉性来遵守 ■ 比如×××守则	■ 基于工作效率与业务安全 ■ 基于管控要求，有奖惩 ■ 比如×××工作要求/准则

图16-2 "管理制度"的基本分类2

第一，提示性制度。

所谓提示性制度，是指基于文化意识与行为规范所编制的制度，其更多起到一个提示的作用，需要员工基于职业道德与自觉性来遵守。比如×××守则，此类内容属于企业倡导及鼓励的工作行为，像是"会议后桌椅归位"等，此类要求在很大程度上属于员工职业素养与自觉的范畴。所以，此类制度经常伴随企业文化的倡导或宣传贯彻而提出。

第二，管控性制度。

所谓管控性制度，是指基于业务运转、工作效率及业务安全所编制的制度，要求有标准、有奖惩，是企业应当严格管控且重点把握的内容。比如×××工作准则，此类制度不仅需要员工具备职业能力与自觉性，更需要员工强行甚至刻意遵守，因为这既是影响企业业务运转的重点工作，又是影响个人绩效的关键指标。就像人们常说的"有所为，有所不为"，这些内容就属于"有所为"，也是"必为"的工作内容。

从上述内容可以看出，企业管理制度的分类其实相当明确，也是相当具有指向性的，而且，每一类制度都有其独特的存在意义及使用方法、使用场景。另外，管理制度不是越多越好，更不是什么都管，要编制得精准、管得到位才能起效果，否则日复一日地发布管理制度，只会让员工觉得管理制度"不值钱"，企业管理"太随意"，甚至是领导"没事找事做"，这就丧失了管理制度的权威，也会影响领导的地位及员工的忠诚度。

16.2 企业管理制度优化与改善咨询的步骤

明确了管理制度的意义、功能与分类后，需要进一步了解管理制度的优化与改善如何落实。管理制度优化与改善咨询项目实施步骤如图 16-3 所示。

- **第一步：诊断与策略方向**
  - 全面考量企业运营顺畅度，掌握各运营模块的制度支撑情况，并提出改善方向

- **第二步：制度关联性分析**
  - 基于诊断结果分析技能、过程、意识及成本等变化情况，明确调控重点

- **第三步：梳理整改思路**
  - 基于诊断与维度分析明确各类条款的整改思路，并分析其可行性

- **第四步：条款实际调整**
  - 基于整改思路进行制度及条款的实际修改，过程中应考虑到后续操作

- **第五步：制度附属管理**
  - 基于已调整或设计完成的制度内容，形成各类附属表单及文件

- **第六步：持续跟进与辅导**
  - 基于上述调整内容对适用场景与工作特性等内容进行收集，并跟踪调控

图 16-3　管理制度优化与改善咨询项目实施步骤

1. 诊断与策略方向

想解决问题，必须先找到问题，所以诊断必然是使管理咨询有效果的第一步。首先，应当衡量企业运营的顺畅度。要调整制度应该明确"哪个制度是需要调整的"，一定要对影响企业运营顺畅度的制度进行调整。其次，需要提出策略方向。简单讲就是，制度如何调整，哪里有欠缺，重新发布还是再版等，都需要在实际编制或撰写之前明确，避免重复劳动。

2. 制度关联性分析

所谓制度关联性分析，是指制度的功能与定位是否因企业的发展而有所变化，该制度的调控重点是否需要进行转变等，此步骤是在制度实际调整前要做的必备工作。

3. 梳理整改思路

很多时候，闷头直接投入实施未必是对的，尤其是在管理咨询项目的推进方面，"想明白"永远比"使劲儿干"更有意义，想明白再使劲儿干是"事半功倍"，没想明白就使劲儿干是"白费功夫"。所以，这一步骤主要在于对需要整改的条款及具体内容进行权衡。

4. 条款实际调整

在此步骤当中，首先应当秉持已确定的整体思路，之后就是在文字、格式及行文风格等方面符合客户需求，而不是想怎么写就怎么写。

5. 制度附属管理

这是很多人不重视的一项工作，即为已完成或调整后的制度进行附属表单编制。制度需要投入使用，既然要投入使用，它就必须具备可用性，但这些密密麻麻的文字如何使用呢？在于基于制度内容输出的表单、表格等可操作、可执行的文件。

6. 持续跟进与辅导

在制度调整或优化完成后，还需要进行一项工作，那就是对场景的持续收集及制度有效性的持续反馈。在企业运营过程中，各类场景是层出不穷的，而制度作为对过去场景的总结，是无法预知未来的，更不能保证其内容永远有效，以及具备可行性。所以收集场景、分析频率及将新场景、新内容有序地更新进制度当中，是管理不断精进的必备过程。

16.3　企业管理制度优化与改善咨询工具

管理制度优化与改善过程中需要用到的工具如下。

1."管理制度诊断与策略选择"工具

这是需要掌握的第一个咨询工具,即找到问题且明确策略。此工具的运用,基于"企业运营原理"对各模块的支撑与制度现状的有序梳理,从其中找到合并、增减及优化的关键,"管理制度诊断与策略选择"工具如表16-1所示。

表16-1　"管理制度诊断与策略选择"工具

维度/内容	归属部门	名称/数量	目的/条款（关联）	后果/处罚	监督/指导	优化策略
战略管理	领导班子/战略部	战略规划报告/1份	运营有效,经营获益,执行落地/10～15个条款	成本超标/次年运营资金弥补或次年指标调整	领导班子/战略委员会	1.增加 2.减少 3.融合 4.……
营销管理						
流程管理						
组织管理						
人力管理						
文化管理						
风险管理						
基于企业运营原理的制度诊断综述：						

此工具的关键点在于,通过"企业运营原理"将企业现状及各模块进行有序划分,且从归属、数量、关联及指导等维度,综合衡量一份制度的存在价值与管控现状,并于每份制度的梳理之后提出基本策略方向。

（1）归属部门。

即该制度应当归属于哪个部门进行管理，应当由哪个部门进行牵头调整并有效追责。

（2）名称/数量。

即该制度的实际名称及数量。

（3）目的/条款（关联）。

即该制度的发布或管控目的，以及在实际条款的描述中，有哪些条款指向了制度目的。

（4）后果/处罚。

即违反该制度所规定的部分标准或要求，以及应当实施的具体惩罚举措。

（5）监督/指导。

即该制度由哪些部门进行监督与指导，哪些部门将存在连带的管理责任。

（6）优化策略。

即该制度应当采用的实际优化方法，是增加条款、减少条款还是融合条款……

通过上述工具可以对不同企业运营模块的制度内容进行基本梳理，对不同的制度内容进行基本判断。其实并不是每一份制度都要去调整，到底哪个要调整，哪个不需要调整，需要通过以上工具给出最后结论，而非通过经验进行判断。

2. "管理制度关联度"分析工具

在制度关联度分析的步骤中，以下"7+1"的关联分析维度与工具，可以完成对于制度操作步骤、标准、成果及协作等方面的全面衡量，并基于"问题"给出调控重点，"管理制度关联度"分析工具如表16-2所示。

表16-2 "管理制度关联度"分析工具

名称/维度	操作步骤	步骤标准	技能/意识	成果衡量	流程协作	客户满意（内/外）	成本管理	凸显问题
×××管理制度								
×××管理制度								
×××管理制度								
×××管理制度								
×××管理制度								
×××管理制度								
基于诊断策略的制度调控重点：								

此工具的关键点在于，通过操作步骤、步骤标准、技能/意识、成果衡量、流程协作、客户满意（内/外）与成本管理这7个普适维度，以及"凸显问题"这一特征维度，来全面衡量一份制度的实际意义与贡献价值。

（1）操作步骤。

即该制度所涉及的管理决策、工艺操作等细致的推进步骤。

（2）步骤标准。

即该制度当中所涉及的操作标准或流程推进标准，需要以"操作步骤"为基准，一步一步写清楚，而非"想当然"。

（3）技能／意识。

即该制度在执行或实施过程中所需要的专项技能与工作意识。如薪酬管理制度需要人力资源部专业的薪酬设计与执行能力，以及优秀的沟通意识。

（4）成果衡量。

即该制度所管控或应当产出的重点成果，包括硬性成果与软性成果。

（5）流程协作。

即该制度在执行与实施过程中，需要哪些流程进行有效协同或者支撑。

（6）客户满意（内／外）。

即该制度在执行与实施过程中，涉及内部或外部的客户满意度评估。如招聘管理制度涉及内部各部门对人力资源部工作的满意度；销售管理制度涉及外部客户对于销售部工作的满意度评估等。

（7）成本管理。

即该制度在执行或实施过程中涉及成本管理的相关内容。如培训管理制度涉及培训经费的管控与范围等。

（8）凸显问题。

即该制度在执行或实施过程中还有哪些较为突出的特征性问题，以及这些特征性问题需要在条款调整中如何体现……

通过上述工具可以完成对各类管理制度的综合评价，并给出应当调控与优化的重点对象，便于在后续的制度整改思路与优化方式上给出可行性建议。

3. "管理制度"整改与梳理工具

在制度整改过程中，需要对必要性、量化性、有效性及可行性进行评估，且在调整过程中给出场景依据，之后在章节、段落中给出调整意见，"管理制度"整改与梳理工具如表16-3所示。

表16-3 "管理制度"整改与梳理工具

分析维度—×××制度调控重点		有效性分析			针对—问题对象/场景	修改要求与标准				
		显效	有效	无效		章节	段落	描述	数据	指标
目标—必要性	业务保障									
	管控范围									
条款—量化性	行为与操作									
	结果与责任									
使用—有效性	尺度—能驱动									
	奖惩—有理由									
监督—可行性	部门/岗位									
	遗漏/强制									

此工具的关键点在于，通过四大维度来判断制度调整的必要性，并在具备调整必要性的基础上，对针对场景与修改要求进行整体输出，在此基础上调整的制度将具备完整性且禁得住实操考验，而非反复修改造成的"身心俱疲"。

（1）目标—必要性。

从"业务保障"与"管控范围"来衡量该制度的存在价值与有效性，聚焦于不同制度的功能定位与管理边界。

（2）条款—量化性。

从"行为与操作"和"结果与责任"来衡量该制度的存在价值与有

效性，聚焦于条款的针对性与可行性。

（3）使用—有效性。

从"尺度"与"奖惩"来衡量该制度的存在价值与有效性，聚焦于使用过程中的操作性与可接受度。

（4）监督—可行性。

从"部门/岗位"与"遗漏/强制"来衡量该制度的存在价值与有效性，聚焦于连带管理的责任感与使命感的拉动。

在完成对于制度的全面评估后，还需要对所作出判断的场景支持给出精准描述，确保对于"有效"或"无效"的判断不是单纯出于经验，而是来自有场景支撑的合理判断。另外，还需要对制度的修改给出精确建议，包括章节、段落、描述、数据及是否需要形成指标等内容，确保在实施调整过程中能够最大限度提升"修改效率"。

至此，已经对企业管理咨询项目、企业管理咨询师、企业运营原理及各模块的咨询工具进行了详细的讲解，以此为起点不断磨炼自身的技巧与能力，就可以让自己和周围的朋友们真切感受到管理咨询的专业魅力！眼下正是帮助企业建立"可持续发展管理体系"的绝佳时机，而管理咨询师作为企业管理体系优化与变革的引领者，应当具备这个能力、魄力、格局与信心去创造更大的辉煌。

企业管理咨询与课程内容

一、企业管理咨询

序号	管理模块	咨询项目	
1	企业运营诊断模块	《企业运营诊断一站式解决方案》	《企业运营诊断工作坊》
2	企业战略管理模块	《企业战略管理一站式解决方案》	《企业战略管理工作坊》
3	企业营销管理模块	《企业营销管理一站式解决方案》	《企业营销管理工作坊》
4	企业流程管理模块	《企业流程再造一站式解决方案》	《企业流程管理工作坊》
5	企业组织管控模块	《企业组织管控一站式解决方案》	《企业组织管控工作坊》
6	企业人力资源——岗位体系与胜任能力模块	《岗位体系与胜任能力一站式解决方案》	《岗位体系与胜任能力工作坊》
7	企业人力资源——人才盘点与发展模块	《企业人才盘点与发展一站式解决方案》	《企业人才盘点与发展工作坊》
8	企业人力资源——薪酬体系模块	《企业薪酬体系一站式解决方案》	《企业薪酬体系工作坊》
9	企业人力资源——绩效体系模块	《企业绩效体系一站式解决方案》	《企业绩效体系工作坊》
10	企业人力资源——培训体系模块	《企业培训体系一站式解决方案》	《企业培训体系工作坊》
11	企业文化管理模块	《企业文化管理一站式解决方案》	《企业文化管理工作坊》
12	企业产品管理模块	《企业产品体系一站式解决方案》	《企业产品体系工作坊》
13	企业数字化转型模块	《企业数字化转型一站式解决方案》	《企业数字化转型工作坊》

二、管理咨询师课程

管理咨询师养成训练营

课程时数	技能类别	课程名称
第一节	通用技能与心法	《管理咨询师能力与特性》（心法心态）
第二节		《企业运营原理与诊断模型》（底层逻辑）
第三节		《项目建议书编制法》（拿单必备）
第四节		《解决方案编制法》（结项必备）
第五节		《辅导方式落地法》（增值必备）
第六节	专项技能与技巧	《战略规划设计》（灵魂，不懂战略难同频）
第七节		《精准slogan设计》（辨识，一眼看到难忘记）
第八节		《流程梳理与再造》（血液，没有流程效率低）
第九节		《组织设计与改善》（骨骼，层级不清总扯皮）
第十节		《人力资源—岗位标准与胜任能力》（要求，建标对标才好用）
第十一节		《人力资源—薪酬体系设计》（激励，做好薪酬好留人）
第十二节		《人力资源—绩效体系设计》（考核，指标清晰没抵触）
第十三节		《人力资源—培训体系设计》（提升，找到差距才成长）
第十四节		《企业文化设计》（凝聚，文化不做难长久）
第十五节		《管理制度优化与改善》（保障，制度撰写有方法）

联系方式
华阅图书策划中心 王老师
13466691261